# BIBLIOTHÈQUE

DE

# L'ENFANCE CHRÉTIENNE.

Ces vilains nuages, que viennent-ils faire là?

ENTRETIENS FAMILIERS

SUR

# L'ÉCRITURE SAINTE

PAR

HIPPOLYTE BARBIER.

avec approbation

DE MONSEIGNEUR L'ÉVÊQUE DE LANGRES.

## HISTOIRE DE LA CRÉATION.

PARIS

A. SIROU ET DESQUERS,
Rue des Noyers, 37.

J. LECOFFRE ET Cie,
Rue du Vieux-Colombier, 29.

1846

IMPRIMERIE CATHOLIQUE D'A. SIROU ET DESQUERS,
Rue des Noyers, 37.

ENTRETIENS FAMILIERS

SUR

# L'ÉCRITURE SAINTE.

## HISTOIRE DE LA CRÉATION.

### INTRODUCTION.

Pour des raisons qu'il est inutile de faire connaître, le petit Emmanuel ne fréquentait pas les écoles publiques. Ses parents lui donnèrent un maître particulier d'une grande placidité d'esprit et d'un dévouement parfait. Celui-ci mit peu de temps à connaître Emmanuel; il le voyait soumis, prévenant, zélé, desireux d'apprendre, et témoignant toujours la plus vive reconnaissance pour les bontés qu'on pouvait avoir envers lui. Les progrès de l'élève répondaient d'ailleurs à de si heureuses dispositions. Il lisait d'une manière satisfaisante au bout de six mois, et commença bientôt à écrire. Attentif aux leçons de catéchisme, il arrivait rarement que le maître fût obligé de l'aider quand il récitait un chapitre, et il saisissait avec une rare pénétration les développements qui venaient à la suite. Comme il était souvent question alors de l'Ancien et du Nouveau Testament, ce cher petit conçut une immense envie de s'instruire à ce sujet. Sans doute, le Nouveau Testament n'était pas chose inconnue pour lui; du moins en avait-il pris une idée, autant que la faiblesse de son âge le permettait, dans les Evangiles que son maître lui faisait apprendre chaque dimanche. Mais l'Ancien Testament, comme il devait être beau ce saint livre d'où l'on tirait des histoires si touchantes et si curieuses! il aurait bien voulu demander au maître quelques explications là-dessus. Une pensée l'arrêtait, pensée modeste et sage : « Mon maître, se disait-il, sait mieux que moi ce qui me convient, et s'il se borne provisoirement à quelques explications, c'est qu'il juge convenable d'attendre, pour le reste, que je sois plus grand. » Il se résignait donc et persévérait dans une application toujours plus exemplaire à ses devoirs. Le moment ne tarda point à venir où son maître lui annonça ce qui suit : « Vous avez bien étudié, mon enfant. La lecture, l'écriture, le catéchisme, ne me laissent rien à désirer, si ce n'est que l'avenir couronne de si louables commmencements. Je veux vous prouver ma satisfaction. Voilà que vous touchez à votre huitième année : je réservais pour cette époque une récompense qui vous sera certainement agréable. Vos efforts venant en aide au temps vous ont préparé l'intelligence. Vous comprendrez sans peine aujourd'hui ce qu'il y a quelques mois vous auriez compris avec un peu de peine ; je veux parler de l'Ecriture Sainte, et, en particulier, de l'Ancien Testament.

— Oh ! Monsieur, quel bonheur ! s'écria Emmanuel. Et en effet, la joie brillait sur son visage. Il prit la main de son bon maître, il avoua que depuis plusieurs mois ses ardents désirs avaient devancé cette ravissante nouvelle.

— Fort bien, mon ami, répliqua le maître, et, tout en vous félicitant de la discrétion qui vous a empêché de me faire connaître vos désirs, je regrette aussi que vous vous soyez abstenu. Généralement, c'est une excellente chose, à l'égard de tout le monde, que la retenue chez les enfants, mais il est bon d'avoir pour son maître une confiance sans bornes et d'agir toujours avec lui à cœur ouvert. Vous avez en lui un conseiller naturel et dévoué, qui vous dira si vos désirs sont raisonnables, qui trouvera quelquefois dans leur manifestation même une raison de les satisfaire, et auquel surtout il importe de bien connaître, sans exception, ce qui se passe en vous, pour vous bien juger et vous conduire. Ainsi, mon enfant, j'ai pensé qu'à l'avenir nous pourrions consacrer une demi-heure, tous les vendredis soir, à de petits entretiens sur l'Ancien Testament.

— C'est demain vendredi, fit Emmanuel d'un air de félicité parfaite.

— A demain donc.

Et bientôt Emmanuel courut chez sa mère lui annoncer l'événement, il le dit aussi à son père et à sa vénérable aïeule, qui partagèrent son bonheur.

---

## PREMIÈRE LEÇON.

Le lendemain vendredi, la leçon commença. Emmanuel, comme on le pense bien, avait pris les plus belles résolutions d'écouter avec une attention religieuse et de ne point oublier une seule des explications du maître. Il s'était particulièrement recommandé au bon Dieu dans ses prières de la veille et du matin.

— Je n'ai pas besoin, lui dit le maître, de vous conseiller le recueillement et l'application. Vous sentez vous-même, mon ami, l'importance du sujet qui va nous occuper; il n'en est point de plus saint ni de plus magnifique.

Vous savez déjà qu'il y a deux Testaments: l'Ancien et le Nouveau; et c'est là ce qu'on appelle *la Bible*, d'un mot grec qui veut dire *livre*, livre par excellence, comme si, à côté de celui-là, tous les autres livres faits de main d'homme, si beaux qu'ils puissent être, ne comptaient véritablement pour rien. L'un et l'autre s'appellent Testament, parce que le mot testament signifie *témoignage*, et qu'en effet ils attestent les volontés suprêmes de Dieu, que nous devons accomplir, et l'immensité de ses bienfaits, qui nous commandent une reconnaissance et un amour sans limites.

L'Ancien Testament n'était qu'une admirable préparation au Nouveau Testament. Celui-ci contient la loi de grâce, comme vous l'explique le catéchisme, celui-là renfermait la loi de nature et préludait, pour ainsi dire, à la venue de Jésus-Christ et de sa doctrine.

Nous verrons plus tard le Nouveau Testament; aujourd'hui, et dans la suite des entretiens qui vont faire l'objet de nos exercices du vendredi soir jusqu'à Pâques, c'est l'Ancien Testament qui passera sous nos yeux, avec ses histoires charmantes ou terribles, ses enseignements merveilleux, toutes ses beautés incomparables que l'Evangile seul a pu dépasser.

Dès maintenant, mon ami, je crois qu'il est utile et nécessaire de vous dire ce que c'est que l'Ancien Testament, car les réflexions précédentes ne sont qu'une indication générale. Sans l'exposé qui suit, vous comprendriez assurément mes leçons, mais elles n'auraient pas pour vous autant d'attraits et se classeraient moins aisément dans votre mémoire. Tel sera donc l'objet d'un premier entretien. Si vous y trouvez un peu de sécheresse, ne vous en plaignez pas; consolez-vous-en par la pensée que les commencements de la science présentent toujours quelque chose de pareil, et qu'à leur naissance les plus doux fruits ne sont point exempts d'amertume, comme les roses les plus odorantes de certaines aspérités. Du reste, pour un enfant comme vous, généreusement avide d'instruction, c'est un charme déjà que la certitude d'apprendre, quoi qu'il en coûte, ce qu'on ignorait encore, et avec cette conviction surtout, qu'en s'éclairant l'intelligence, on se met plus à même de bien connaître Dieu, et, conséquemment, de l'aimer et de le servir bien.

Ainsi, mon ami, dans le Nouveau-Testament, il y a les livres proto-canoniques, ou canoniques du premier ordre, et les livres deutéro-canoniques, ou du second ordre. Ces mots paraissent vous effrayer; il n'est pas difficile d'en saisir le sens. Moyennant une explication fort simple, vous les trouverez parfaitement clairs.

Sur cette malheureuse terre, où tant de folles passions se remuent depuis le péché d'Adam, une vérité ne peut jamais s'établir sans qu'aussitôt ne s'élèvent, de la part des hommes, des contradictions hypocrites et furieuses; car le propre de la vérité, c'est de heurter les funestes penchants de notre nature déchue et corrompue. Or, ce qui arrive à une vérité prêchée par les créatures, la Bible dut l'éprouver à plus forte raison, comme étant l'éternelle expression de toutes les vérités, c'est-à-dire de la vérité souveraine annoncée par Dieu lui-même. Cependant la Bible, ce livre unique, réunissait, en faveur de son authenticité, tant de preuves irréfragables, il portait si bien avec lui le caractère de l'évidence, que longtemps les hommes mal intentionnés n'osèrent s'inscrire en faux contre aucune de ses dispositions. Mais, après plusieurs siècles, l'esprit de doute survint, et jugeant l'heure favorable pour ses dénégations audacieuses, il fit un choix dans les diverses parties de la Bible, maintenant aux unes leur inviolabilité, répudiant les autres sous des prétextes mensongers et souvent ridicules. Alors, la sainte Eglise, dépositaire de l'infaillible autorité de Jésus-Christ, condamna les novateurs, et leur dit anathème, et déclara solennellement qu'il fallait regarder comme inspirées par le Saint-Esprit, non-seulement les parties de la Bible que les hérétiques avaient respectées, mais encore celles qu'ils voulaient anéantir; elle définit que celles-ci étaient canoniques comme celles-là, c'est à-dire décisives de la foi et de la conduite de ses enfants.

C'est pourquoi les parties proto-canoniques, ou canoniques en premier lieu, de la Bible sont celles qui jamais ne furent contestées, et les deutéro-canoniques, ou canoniques en second lieu, ou ecclésiastiques, sont celles que l'Eglise proclama comme règles de foi et reçues au sacré canon pour confondre des tentatives impies.

Remarquez en passant, mon ami, que le

Canon est l'ensemble des décisions de l'Eglise, dont je vous ai parlé, touchant la foi et la conduite des chrétiens.

Il y a les proto-canoniques et les deutéro-canoniques de l'Ancien et du Nouveau Testament.

Les proto-canoniques de l'Ancien Testament sont au nombre de vingt-deux : la Genèse, l'Exode, le Lévitique, les Nombres, le Deutéronome, Josué, les Juges et Ruth, les premier et deuxième livres des Rois, Isaïe, Jérémie, Ezéchiel, Daniel, les douze petits Prophètes, le deuxième livre des Paralipomènes, le livre deuxième d'Esdras, Esther, Job, le Psautier, les Proverbes, l'Ecclésiaste, etc., etc.

Les deutéro-canoniques sont au nombre de dix, savoir : une partie d'Esther, Tobie, Judith, Baruch, l'Epître de Jérémie, le livre de la Sagesse, l'Ecclésiastique, les premier et deuxième livres des Machabées, l'Oraison d'Azarias et l'Hymne des trois enfants dans le prophète Daniel, l'histoire de Suzanne et l'histoire de Bel.

Je vous donnerai, mon cher enfant, des détails historiques sur chacune de ces parties de la Bible, proto-canoniques ou deutéro-canoniques, au fur et à mesure que nous passerons en revue les divers sujets qui y sont traités.

Dans une prochaine leçon, le Pentateuque nous occupera. Voilà encore un mot bien étrange pour vous; il est aussi formé de la langue grecque, et signifie une collection de cinq livres. Les Hébreux l'appelaient *la Loi*; ces cinq livres contiennent effectivement la loi de Moïse, qui les a écrits sous l'inspiration divine.

Le premier de ces cinq livres, la Genèse, c'est-à-dire *création*, présente l'histoire de la création et de la vie des hommes jusqu'au patriarche Joseph; il embrasse une période de deux mille trois cent huit années.

*

L'Exode, c'est-à-dire *sortie*, qui est le deuxième, raconte la fuite d'Egypte, comment les Israélites, écrasés par les Pharaons, obtinrent leur délivrance, et ce qu'ils sont devenus jusqu'à la construction du Tabernacle, cent quarante-six ans après la mort de Joseph.

Le troisième est le Lévitique, ainsi intitulé, parce qu'il traite du ministère, des sacrifices, des lois et des coutumes des Lévites.

On appelle le quatrième les Nombres, parce que Moïse y dénombre les douze tribus ou familles d'Israël qui sortirent d'Egypte, et les quarante-deux stations qu'ils firent au désert pendant l'espace de trente-huit ans, neuf mois et vingt jours.

Le Deutéronome, c'est-à-dire *deuxième Loi*, répète la loi et la résume tout entière.

Peu vous importe, n'est-ce pas? de savoir si Moïse, comme le prétend l'historien grec Philon, a lui-même inscrit ces cinq divers titres en tête des cinq livres du Pentateuque, ou si ces titres furent l'ouvrage des soixante-douze interprètes qui traduisirent la Bible en grec, par ordre de Ptolémée. Vous êtes bien plus aise d'apprendre que Moïse, avant sa mort, fit treize copies du Pentateuque, en donna une à chacune des douze tribus, et confia aux Lévites le soin de déposer la treizième dans l'Arche d'alliance.

Et maintenant, mon bon ami, je vous dois une petite observation. Vous craignez, j'en suis sûr, de ne pouvoir retenir toutes ces nomenclatures; je sais moi-même que ce serait chose difficile pour vous. Mais ne vous arrêtez point à cette crainte. Il n'y a rien dans la leçon d'aujourd'hui que je ne me propose de vous remettre sous les yeux avec tous les éclaircissements désirables. Regardez seulement ces premières données comme des jalons utiles pour vous guider dans la route; mais dont chacun ne vous enverra toute sa lumière qu'à mesure que vous approcherez de lui. La suite des développements vous ramènera d'elle-même à ces notions préliminaires, et vous vous étonnerez de trouver si clair et si simple, sans qu'il vous en coûte beaucoup d'efforts, ce qui vous semblait au commencement presque incompréhensible. —

Suivant une excellente méthode, le maître consacrait dix minutes de chaque leçon à récapituler sa leçon précédente. Ce n'était pas lui qui parlait alors : il questionnait son élève, et s'assurait ainsi des fruits qu'il avait pu produire. Le vendredi d'après, Emmanuel fut un peu embarrassé. Le maître s'y attendait bien ; néanmoins, le studieux élève dépassa ses espérances, et parmi un certain nombre de réponses inexactes, il s'en trouva qui ne l'étaient point, ce qui lui valut des félicitations.

— Monsieur, dit-il avec une modestie touchante, comme cette leçon était difficile, je me suis appliqué plus que d'habitude à la repasser dans ma tête, les soirs avant de m'endormir; et puis j'en ai causé avec maman, qui a bien voulu me rappeler ce que j'oubliais. Malgré cela, je n'ai pas tout retenu; je tâcherai de mieux faire une autre fois.

Son maître le rassura de nouveau, en répétant les observations que nous avons vues, et reprit la suite des instructions.

---

## DEUXIÈME LEÇON.

LE MAITRE.

— Vous voyez, dit le maître, vous voyez, mon cher petit ami, ce magnifique soleil qui nous éclaire, qui répand sur la terre ses rayons bienfaisants et la rend si féconde; et lorsque vient la nuit pour inviter au repos toute la nature, vous voyez ces brillantes étoiles qui, comme autant de perles précieuses, décorent l'immensité du firmament, Que de grandeurs! que de richesses! que de merveilles! Ce sont des myriades de fleurs aux nuances variées, aux gracieuses parures qui, mollement bercées par le souffle de l'air, exhalent dans nos compagnes leurs effluves odorants. Ce sont encore ces beaux arbres dont le feuillage épais forme au-dessus de nos têtes des voûtes de verdure et nous protége contre les chaleurs excessives, retraite mystérieuse et enchantée où des légions de petits oiseaux ne cessent d'exécuter de délicieux concerts ; vastes corbeilles aériennes qui produisent d'elles-mêmes, avec une exubérante prodigalité, les doux fruits dont elles sont couronnées et remplies, et qui se penchent complaisamment pour vous inviter à les cueillir. Vous voyez ces montagnes gigantesques dont la cime touche les nuages, laissant tomber à leurs pieds d'intarissables ondes qui deviennent des fleuves et sillonnent le globe en tous sens, ouvrant aux voyageurs fatigués et aux habitations des hommes l'abri tutélaire de leurs vallées ombreuses. Vous voyez ce lion superbe, ce tigre, avec sa robe opulente et la miraculeuse souplesse de ses mouvements, tous ces animaux féroces, qui ne le furent pas toujours, et dont l'admirable variété de formes, d'instincts, de pelage, d'existence vous a frappe si souvent ; et parmi ces animaux privés, ce chien fidèle qui vous garde pendant la nuit, qui trouve en quelque sorte de l'intelligence pour sauver les noyés, comme le chien de Terre-Neuve, ou tirer de son tombeau de neige le pèlerin perdu dans les détours du mont Saint-Bernard ; ce cher compagnon d'infortune qui guide les pas chancelants du pauvre aveugle à travers nos froides charités, et qui, sans nul souci des niches princières qu'il aurait pu occuper comme un autre, suit son maître jusqu'à sa dernière heure, pour mourir de douleur sur la fosse déserte où sont jetés ses restes. Vous voyez cette douce brebis, qui donne sa laine pour nous vêtir et sa chair pour nous sustenter ; ce fier coursier qui frémit d'aise et d'orgueil sous l'éperon qui presse ses flancs, combat comme un brave, et sait vaincre, lui aussi ; vous voyez tous ces prodiges qui vous entourent, matériels ou vivants ; vous voyez l'homme, qui en est le chef-d'œuvre, cette sublime figure sans cesse dirigée vers le ciel, cette noble intelligence qui ne connaît de limites que celles de l'infini, ce cœur généreux si évidemment fait pour le bien, qu'il se trouve inquiet et malade partout où le bien n'est pas.

Le croirez-vous, mon cher ami, le pourriez-vous croire? Il s'est rencontré des hommes qui, ayant pris le nom de savants, firent de gros livres pour dire que toutes les beautés de la nature, tous les animaux, le soleil et les astres, et l'homme, et toutes ces merveilles enfin s'étaient créées elles-mêmes.

— Mais, Monsieur, dit Emmanuel, ils voulaient donc se moquer de nous, en faisant de gros livres?

— Ils se moquaient d'eux-mêmes, reprit le maître. Si quelqu'un de ces messieurs venait vous raconter que votre chapeau s'est fait tout seul, que votre habit s'est coupé et cousu tout seul, que la maison de vos parents est sortie toute faite du sol, avec ses pierres symétriquement disposées et maçonnées, ses planchers, son toit, ses compartiments divers, que lui diriez-vous?

— Je lui demanderais s'il a perdu la tête, ou s'il me prend pour un imbécile.

— Vous auriez raison, et vous prouveriez par là que vous êtes plus savant et plus sage que lui.

— Oh! Monsieur, je lui répondrais encore que j'aime mieux croire mon catéchisme, où j'ai appris que c'est Dieu qui a créé le ciel et la terre et tout ce qu'ils contiennent. Maman me l'a toujours dit, et maman ne sait pas mentir : elle me défend le mensonge par-dessus tout; maman ne peut pas me tromper, et vous non plus, Monsieur.

— Oui, mon ami, c'est Dieu qui a créé le ciel et la terre, le ciel et tous les astres qui l'enrichissent, la terre avec ses innombrables productions, les êtres corporels et les êtres spirituels, toutes choses. Ainsi s'exprime la sainte Écriture : *Dieu a dit, et toutes choses ont été faites; il a commandé, et toutes choses ont été créées*. Ce qui signifie, non pas que Dieu, pour créer le monde, ait prononcé une parole comme sont celles que nous prononçons au moyen de certains organes intérieurs et du jeu combiné des lèvres; mais que Dieu créa le monde, par un acte rapide de sa volonté, correspondant à l'idée qu'exprime cette parole.

EMMANUEL.

Il y a, monsieur, deux mots que je ne saisis pas bien : les êtres corporels et les êtres spirituels.

LE MAITRE.

Je vous sais gré, mon ami, de cette réflexion. Faites de même, chaque fois qu'il se présentera, dans le cours de nos entretiens, quelque chose d'embarrassant pour vous. Les êtres corporels sont les êtres composés uniquement de matière; c'est tout ce qui tombe sous nos sens et que nous pouvons voir ou toucher, ou entendre, ou sentir, le corps de l'homme aussi bien que la pierre brute, le soleil qui éclaire nos yeux comme l'odeur qui pénètre l'odorat, le son qui frappe l'ouïe, l'air qui nous rafraîchit le visage. Les êtres spirituels sont ceux qui n'ont rien de commun avec la matière et qui n'en existent pas moins d'une manière excellente; ce sont les êtres qui pensent, tels que nos âmes, les anges, et dans une région infiniment supérieure, Dieu lui-même.

EMMANUEL.

Maman m'a bien souvent parlé des anges. Qnand mon dernier petit frère est mort, presque aussitôt après avoir reçu le baptême, comme je pleurais, maman m'a dit: Console-toi, mon enfant, adorons la Providence de Dieu; car il prévoyait peut-être que le cher petit, s'il avait vécu, se serait éloigné de lui pour toujours dans la suite; il l'a exempte des épreuves du monde et placé parmi les anges. Est-ce que les anges sont les enfants qui meurent dans l'état d'innocence?

LE MAITRE.

Oui, mon ami; nous appelons ainsi ces petites créatures qui ont le bonheur de mourir sans avoir offensé Dieu, pour donner autant que possible une idée parfaite de leur céleste innocence, et parce qu'il n'y a rien de plus pur que les anges. Mais ce dernier nom n'appartient rigoureusement qu'aux substances spirituelles et intelligentes du premier ordre qui furent créées avant l'homme.

EMMANUEL.

Que sont donc ces derniers anges, monsieur? que font-ils?

LE MAITRE.

Ange signifie *envoyé*. Ce sont des esprits chargés de l'administration des choses de Dieu, des messagers providentiels que Dieu nous envoie pour traiter nos rapports avec lui et gérer les intérêts de notre salut. C'est l'un d'eux, comme vous savez, qui vint annoncer à la Sainte Vierge qu'elle donnerait naissance au Sauveur du monde : c'est l'archange Gabriel, le même qui avait apparu au prophète Daniel pour lui expliquer le songe terrible du bouc et du bélier, et au prêtre Zacharie pour prédire la nativité de saint Jean-Baptiste. Ceci s'éclaircira plus tard.

Suivant le sentiment commun des docteurs de l'Eglise, ils sont distribués en trois hiérarchies qui, elles-mêmes, se subdivisent en trois ordres ; la première est celle des Séraphins, des Chérubins et des Trônes; la seconde comprend les dominations, les vertus et les puissances ; la troisième, les principautés, les archanges et les anges. Ce dernier nom leur est devenu commun.

Les anges furent créés en état de grâce, pour jouir éternellement de la vue de Dieu et des félicités sans limites ni mesure qu'il donne aux siens. Cependant plusieurs d'entre eux, éblouis précisément par leurs brillants priviléges, conçurent un effroyable orgueil, s'imaginèrent qu'ils pouvaient renverser le Créateur de son trône et le remplacer, et se mirent en révolte contre lui. Les insensés! Dieu fit signe à l'un d'eux, qui est l'archange Michel, de les écraser, et aussitôt l'archange les précipita dans l'abîme, au sein des feux vengeurs et des profondes ténèbres, où, comme l'ont dit saint Pierre et saint Jude, ils sont retenus par des chaînes, tourmentés et réservés jusqu'au jugement du grand jour, c'est-à-dire jusqu'au jugement dernier, après lequel, ayant rendu leur compte à la face de toutes les générations assemblées, ils recommenceront, pour ne point la finir, cette lamentable peine.

La Foi nous enseigne que, parmi les bons anges fidèles et confirmés dans la grâce, Dieu en a destiné un certain nombre pour les attacher à chacun de nous, surveiller notre conduite, guider nos pas mal affermis, et combattre l'influence des anges déchus auxquels, par un mystérieux dessein de sa sagesse, il a permis aussi de nous dresser des piéges. Les premiers sont les anges gardiens. Tout homme a le sien; vous avez le vôtre, mon enfant, ne l'oubliez pas; c'est un incomparable ami auquel vous devez confier vos peines et qui les soulagera infailliblement. Vous ne le voyez pas; mais soyez sûr qu'il reste sans cesse auprès de vous; vos bonnes pensées indiquent sa présence, comme vos tentations de mal faire celle du démon qui le contredit. Quand vous hésitez entre la vertu et le péché, cette hésitation, qui vient d'abord de votre faiblesse, vient aussi des efforts que votre bon ange et votre mauvais ange font en sens contraire pour vous attirer vers le salut ou la perdition. Les anges gardiens se sont rendus visibles quelquefois ; vous vous rappelez l'histoire du jeune Tobie, racontée dans un petit livre intitulé l'*Intérieur d'une Ecole*.

EMMANUEL.

Maman m'avait bien parlé de mon ange gardien, mais elle ne m'avait pas dit tant de choses sur ce sujet. Je vous remercie, monsieur. Il est clair que nous leur devons une très-grande reconnaissance à ces bons anges. Que pouvons-nous donc faire pour la leur témoigner convenablement?

LE MAITRE.

Rien de plus simple, mon cher ami ; nous devons les écouter avec une fidélité constante et suivre leurs bienfaisantes inspirations ; c'est le meilleur moyen de nous acquitter à leur égard et de réjouir leur cœur. Nous devons, autant que possible, prévenir le dévouement qui les anime, en invoquant leurs secours et leur intercession charitable auprès de Dieu ; nous devons même, en ce sens, les honorer d'un culte spécial qui se rapporte à Dieu dont ils sont les représentants et les plénipotentiaires dans les choses relatives à notre salut. Le Seigneur dit aux Israélites : « J'en- « voie mon ange devant vous, respectez-le, « écoutez sa voix, parce que mon nom est en « lui. » Josué voit un personnage armé qui lui dit : « Je suis le prince des armées du Sei- « gneur. » Josué se prosterne et dit : « Que « veut mon Seigneur de son serviteur? » L'ange répond : « Déchaussez-vous : la terre « où vous êtes est sainte. » Josué obéit. Des martyrs écrivaient à saint Cyprien : « Prions « afin que Dieu, Jésus-Christ et les anges « nous soient favorables dans toutes nos ac- « tions », persuadés qu'ils étaient que souvent les anges tiennent la place de Dieu.

Ainsi, mon enfant, retenez bien ces paroles. S'il est bon de s'instruire pour savoir, il est également bon de s'instruire et de savoir pour mettre à profit dans sa conduite ce qu'on a le bonheur d'apprendre. Sans quoi, vous n'auriez satisfait qu'une vaine curiosité, souvent plus funeste que profitable.

EMMANUEL.

C'est bien là, monsieur, ce que je désire de tout mon cœur. Je vous promets de ne rien négliger pour répondre à vos soins généreux.

LE MAITRE.

Nous remettrons à une autre fois la suite de nos explications; l'heure s'avance; il faut finir pour aujourd'hui. Vendredi prochain, nous assisterons à la création de la terre. Nous verrons comment le bon Dieu prépara ce magnifique palais en faveur de l'homme, que la création dura six jours, et ce qui fut créé chaque jour; nous admirerons autant la bonté de Dieu que sa toute-puissance. Hélas! et nous aurons à gémir beaucoup trop tôt sur l'ingratitude de l'homme qui, ayant été comblé de bienfaits, tiré du néant, revêtu de beauté, enrichi d'une âme immortelle et d'un corps sublime qui est immortel aussi, entouré de toutes les douceurs, pénétré de toutes les félicités et de toutes les grâces, préfère à la parole de son divin Bienfaiteur celle d'un impur démon, imite l'absurde orgueil des anges pervers, veut être Dieu, désobéit, tombe dans un abîme de misères, connaît la mort, ferme devant lui les portes du Ciel pour toujours, et laisse ses enfants héritiers d'un anathème ineffaçable jusqu'à la venue de Jésus-Christ, notre adorable Rédempteur.

Telle est, mon cher enfant, l'histoire qui fait le sujet des premières pages de la *Genèse*, ou, autrement, de la création.

La leçon de ce jour sera moins difficile à retenir que la précédente; tâchez de m'en rendre un compte bien fidèle, vendredi.

EMMANUEL.

J'espère, monsieur, que vous serez content de moi.

Emmanuel pouvait bien l'espérer, car il n'est chose si difficile dont un enfant ne se rende aisément compte, avec de l'application et de la bonne volonté. Le chapitre suivant nous apprendra que ses expériences furent couronnées d'un plein succès.

---

## TROISIÈME LEÇON.

Comme il l'avait fait espérer à son maître, Emmanuel répéta, mot pour mot, à peu près, les détails qu'on vient de lire. Il commit seulement une erreur que voici : Nous devons, disait-il, adorer les anges comme étant les messagers et les représentants de Dieu. Le maître lui représenta que cette expression *adorer* n'est pas exacte, que l'adoration appartient à Dieu seul, à Dieu sans réserve ni partage, et que la sainte Vierge elle-même, cette créature presque divine, puisqu'elle eut l'ineffable privilége d'être la mère d'un Dieu, cette merveilleuse créature, infiniment élevée au-dessus des anges, ne pouvait recevoir de nous qu'un culte d'honneur et des prières subordonnées à sa qualité de médiatrice toute-puissante entre Dieu et nous. Donc, il fallait dire que nous devons honorer les anges, les environner d'un respect profond, leur rendre un culte qui, du reste, s'applique principalement à Dieu.

Cette explication donnée, le maître continua :

LE MAÎTRE.

Dieu, mon cher ami, était de toute éternité, et le monde n'était point. Vous faites-vous une idée de l'éternité? Non, sans doute, l'esprit de l'homme ne peut aller jusque-là. Être éternel, c'est n'avoir jamais commencé, c'est n'avoir jamais à finir. En remontant le passé, mettez à la suite l'un de l'autre autant d'années qu'il vous plaira, entassez les siècles sur les siècles, et les milliards de siècles sur les milliards de siècles, supposez autant de fois ces milliards entassés qu'il y a de feuilles suspendues aux plantes de la terre et de grains de sable dans l'Océan, Dieu existait avant eux; il était alors aussi jeune qu'aujourd'hui, aussi éloigné de naître; car il a toujours existé; il n'a pas eu de commencement, et de même il ne finira jamais. C'est la lettre du catéchisme.

Eh bien! du sein de son éternité, Dieu dit à l'univers de sortir du néant, ou, en d'autres termes, il fit de rien toutes les choses qui existent hors de lui.

Assurément, mon cher Emmanuel, toutes ces choses pouvaient être l'ouvrage d'une minute, et de moins d'une minute; mais Dieu, pour notre instruction, voulut accomplir son dessein à plusieurs reprises, et ne le consommer qu'en six jours. Vous allez voir comment.

Le premier jour, il créa le ciel et la terre: la terre sans lumière encore, sans vigueur et sans fécondité, cachée au fond des eaux; le ciel, espace immense qui environne la terre, et qui, selon notre manière de voir, est au-dessus de nous. Ne confondez pas le ciel dont il s'agit ici avec le séjour fortuné où Dieu rend les hommes heureux par la possession de lui-même Un instinct naturel, et qu'on ne saurait blâmer, nous porte à concevoir ce dernier séjour comme placé au-dessus de nos têtes, par delà les régions des astres; mais personne, sur la terre, ne peut dire où il est précisément.

Ainsi la lumière n'était pas encore. L'obscurité dura pendant douze heures, c'est-à-dire pendant la moitié du premier jour, car les jours se comptaient, dès le commencement, par vingt-quatre heures, suivant la méthode continuée jusqu'en 1846. Le souffle de Dieu agitait les eaux avec violence. Après ces douze heures, Dieu dit : « Que la lumière soit faite », et la lumière fut faite; non pas la lumière que donne le soleil, puisqu'il ne fut créé que le quatrième jour : elle venait, dit un pieux écrivain, de l'assemblage subit des parties destinées à le former et à former les autres astres. C'est de cette sorte qu'il y eut désormais un soir et un matin, et, selon que nous l'avons dit, que vingt-quatre heures partagées, suivant les saisons, entre l'obscurité et les ténèbres, s'appelèrent un jour

EMMANUEL.

Monsieur, vous avez parlé du ciel où séjournent les bienheureux; ce ciel, quand fut-il créé? Je voudrais bien savoir en quoi il consiste?

LE MAÎTRE.

Fort bien, mon ami; je vais vous donner à ce sujet toutes les explications qui me sont possibles. Nous terminerons par là l'entretien d'aujourd'hui, et la leçon prochaine commencera au second jour du grand œuvre de Dieu.

L'atmosphère, souvenez-vous en bien, l'air et l'espace qui nous environnent, ce n'est pas le ciel, proprement dit; c'est, suivant le joli mot d'un auteur célèbre, le duvet de notre coque, avec son soleil, ses météores, ses tonnerres et sa voûte bleue. On semble confondre l'un et l'autre dans une même expression, pour se proportionner à la faiblesse des idées humaines. C'est par la même raison que souvent on nous représente sur un trône de nuages les trois personnes de l'adorable Trinité : le Père, sous la forme d'un vieillard centenaire, le Fils et le Saint-Esprit sous les formes qu'ils prirent, il y a dix-huit cents ans, pour se montrer à la terre : je veux dire la figure d'un homme, puisque Jésus-Christ était Dieu et homme tout ensemble, et cette douce figure de colombe qui se reposa sur lui au bord du Jourdain, après que Jean-Baptiste l'eut baptisé.

Le ciel, le vrai ciel a sans doute existé de toute éternité, puisque le ciel est Dieu lui-même, source de toutes les félicités et de toutes les joies pures. Entrer dans le ciel, c'est donc entrer en possession de Dieu, en communication des biens suprêmes dont il jouit.

Où se trouve le ciel? Il se trouve partout où est Dieu, et où Dieu se révèle d'une manière particulière aux âmes acquittées de la vie d'ici-bas. Pour décrire le ciel, il faudrait y avoir été. Or saint Paul nous avertit que l'œil n'a point vu, que l'oreille n'a point entendu, que le cœur de l'homme n'a point senti ce que Dieu prépare à ceux qui l'aiment. Ce bonheur est au-dessus de nos conceptions et de nos paroles. Pour en donner, autant que possible, une idée, on a choisi, parmi les plus splendides phénomènes de la nature visible, des images vives et gracieuses ; on a dit, en se conformant toujours à l'imperfection de nos esprits servis par des organes : La richesse de la matière y dispute le prix à la beauté infinie des formes. Là règnent suspendues des galeries de saphir et de diamants ; là s'élèvent des arcs de triomphe, formés des plus brillantes étoiles ; là s'enchaînent des portiques de soleils, prolongés sans fin à travers les espaces du firmament. Cette architecture est vivante; la cité de Dieu est intelligente elle-même. Un fleuve découle du trône du Tout-Puissant; il roule dans ses flots le saint amour et la sagesse; il fait croître le lis, la vigne immortelle et toutes les fleurs. La lumière qui éclaire ces retraites fortunées se compose des roses du matin, de la flamme du midi et de la pourpre du soir, et entretient un jour éternel. C'est dans les parvis de la cité sainte et dans les champs qui l'environnent que sont les chœurs des anges, ministres des ouvrages ou des volontés de l'Éternel. A ceux-ci a été donné tout pouvoir sur le feu, l'air, la terre et l'eau; à ceux-là appartient la direction des saisons, des vents et des tempêtes. Ils font mûrir les moissons, ils élèvent la jeune fleur, ils courbent le vieil arbre vers la terre, ils règlent le mouvement des astres, et se relèvent tour à tour dans ces emplois magnifiques. Un nombre infini d'entre eux fut créé pour soutenir les vertus de l'homme et le défendre contre les attaques de l'enfer. Là sont aussi rassemblés les patriarches, assis sous des palmiers d'or, les apôtres, portant sur leur cœur les saints Évangiles, les solitaires retirés dans des grottes célestes, les martyrs, vêtus de robes éclatantes, chantant l'éternel *Hosannah*. Leurs concerts merveilleux retentissent surtout au tabernacle très-pur qu'habite la douce Vierge Marie. Environnée du chœur des veuves, des vierges sans tache, Marie est assise sur un trône de candeur. Les anges gardiens des hommes viennent sans cesse l'implorer pour leurs amis mortels; les doux séraphins de la grâce et de la charité la servent à genoux; autour d'elle se réunissent encore les personnages touchants de la Crèche : Gabriel, Anne et Joseph; les bergers de Bethléem et les mages de l'Orient, et les petits enfants morts aussitôt après le baptême balancent devant elle des encensoirs d'or. Le Sauveur Jésus est assis au milieu de vingt-quatre vieillards vêtus de robes blanches, portant des couronnes d'or, placés sur des trônes.....

Que vous dirai-je, mon enfant? Cette ravissante peinture, échappée au pinceau d'un grand écrivain, n'est encore devant la réalité qu'un feu follet devant le soleil; c'est beaucoup moins. Hormis certaines expressions, qui sont évidemment empruntées à la sainte Écriture, le reste n'est à peu près qu'un délicieux mais futile rêve de l'imagination. Voici tout ce que nous savons. Dieu a dit au patriarche Abraham : « Je serai ta grande récompense. » Un autre patriarche, appelé Job, disait : « Je sais que mon Rédempteur « est vivant, qu'au dernier jour je me relè« verai de la terre, que je reprendrai ma dé« pouille mortelle, et que je verrai mon « Dieu; cette espérance repose dans mon

« cœur. » Le saint roi David disait aussi en parlant des élus : « Ils seront rassasiés de l'a-« bondance de votre maison, *qui est le ciel;* « vous les abreuverez d'un torrent de délices, « et vous les éclairerez de votre propre lu-« mière. » Jésus-Christ nous apprend que les justes brilleront comme des soleils dans l'éternité; que là il n'y aura plus ni craintes, ni souffrances, ni larmes, mais que Dieu changera en joie la tristesse de ses enfants, les revêtira de sa propre gloire, et leur donnera une couronne impérissable. « Je veux, « ajoute l'adorable Sauveur, qu'ils soient où « je suis moi-même; je les placerai sur mon « trône, comme je suis assis sur le trône de « mon Père. » Et au moment de quitter la terre, il nous adresse ces paroles toutes pleines d'amour : « Je vais vous préparer une « place. L'esprit consolateur que je vous en-« verrai demeurera avec vous jusqu'à ce que « je vienne vous chercher. Si vous m'aimez,

« réjouissez-vous donc de ce que je retourne « à mon Père. »

EMMANUEL.

Oh! Monsieur, comme c'est beau, le ciel! Je veux y aller. Maman dit qu'il faut pour cela aimer le bon Dieu. Il est bien naturel d'aimer Celui qui nous fait tant de bien sur la terre, et qui doit nous en faire infiniment plus encore par la suite. Je pense bien qu'il n'y a pas beaucoup de monde dans l'enfer; il est impossible qu'on soit assez ingrat pour offenser le bon Dieu, et assez insensé pour préférer l'enfer au ciel.

LE MAÎTRE.

Prenez garde, Emmanuel, et si satisfaisante que soit votre conduite, croyez-vous que jamais vous n'ayez offensé le bon Dieu, en désobéissant à vos parents, ou plutôt en ne leur obéissant pas avec toute la diligence et tout le zèle nécessaires, en négligeant vos devoirs, en manquant de recueillement ou d'attention dans vos prières du soir et du matin, en n'évitant pas certains mouvements de colère et de gourmandise? Je ne veux pas vous faire des reproches, mon ami, et j'aime à reconnaître que vous faites d'heureux efforts pour ne point tomber dans ces pénibles écarts; mais mon intention est de vous montrer que le nombre des pécheurs n'est pas si petit, et qu'en dépit des inépuisables bienfaits de Dieu et des supplices de l'enfer, l'ingratitude et la folie des hommes n'ont point de bornes. Cela est difficile à concevoir, je l'avoue, mais cela est.

EMMANUEL.

Vous n'avez pas voulu me faire des reproches, monsieur. Je les méritais cependant; je n'étais point excusable de manquer à mes devoirs envers Dieu qui est si bon; mais maintenant que vous m'avez dit de si belles choses du Ciel, je trouve là une nouvelle raison d'être bien sage; je ne veux pas aller en enfer, je veux aller au Ciel.

LE MAITRE.

Après vous avoir expliqué de mon mieux ce que c'est que le Ciel, il faudrait bien aussi vous dire ce que c'est que l'enfer; car, mon ami, vos idées à ce sujet ne sont peut-être pas bien nettes. Bientôt l'occasion se présentera.

EMMANUEL.

Ah! oui, monsieur, j'en ai un grand désir.

LE MAITRE.

Nous reprendrons d'abord la suite de la création, à l'époque du deuxième jour, comme il a été convenu.

Mais, dès à présent, remarquez cette parole de la Genèse : « Dieu vit que la lumière était bonne. » Après chacune des œuvres de Dieu, la Genèse répète cette même parole, voulant à coup sûr témoigner par là qu'il agissait uniquement en vue du bonheur de l'homme.

Ce n'est point à elle-même que la lumière pouvait être utile, ni aux êtres matériels et insensibles qu'elle atteignait, ni à Dieu qui s'en était bien passé pendant l'éternité et qui est la souveraine Lumière, dont celle-ci ne présente qu'une image au moins imparfaite ; c'est à l'être doué d'une âme et d'une intelligence pour l'apprécier et en goûter les bienfaits, c'est à nous. Ainsi convient-il de comprendre cette parole : « Dieu vit que cela était bon, » toutes les fois que la Genèse les reproduit dans le cours de l'histoire de la création. Je n'ai pas besoin d'ajouter qu'il y a là encore pour nous un très-grand motif de reconnaissance. Votre cœur m'a devancé. Vous contemplez avec un doux attendrissement l'admirable sollicitude de ce bon père qui, voulant préparer à ses enfants une habitation splendide et fortunée, dispose scrupuleusement chaque chose, et s'arrête de temps en temps pour voir, en quelque sorte, s'il a réussi selon ses desseins de son amour et, quand il voit que cela est bon, ne peut se défendre d'une vive et délicieuse complaisance.

Vous y réfléchirez, Emmanuel; vous arriverez, la prochaine fois, en état de récapituler ces diverses explications : que si vous rencontrez quelques difficultés, ne vous effrayez pas, je le répète, elles s'aplaniront d'elles-mêmes par la suite.

## QUATRIÈME LEÇON.

Emmanuel présentait de mieux en mieux ses petits comptes-rendus. Son maître l'avait bien prédit ; il ne tarda point à s'en apercevoir : les commencements sont toujours un peu arides ; mais avec de la patience et de l'application, l'esprit se façonne insensiblement aux difficultés les plus embarrassantes, et s'étonne de voir parfaitement clair au milieu des obscurités qui naguère l'effrayaient.

Le maître, après l'avoir de nouveau félicité et encouragé, reprit en ces termes la leçon d'Ecriture sainte.

LE MAITRE.

Le ciel et la terre, et les eaux et la lumière étant créés, une grande confusion régnait encore de toutes parts; le feu, sans doute, avait pris sa place pour éclairer l'univers; mais les autres éléments, pour se faire de même et cesser d'être un mélange informe, attendaient un ordre de Dieu. Le second jour, Dieu dit : « Que le firmament soit fait au milieu des eaux, et qu'ainsi les eaux supé« rieures soient séparées des eaux inférieures »; et aussitôt une partie des eaux, qui enveloppaient la masse des objets créés, se réduisit en vapeurs déliées et subtiles, pour voyager au gré des mouvements de l'air dans le firmament; l'autre partie, plus solide et plus épaisse, resta sur le globe terrestre dont elle couvrait toujours la surface. Le firmament, c'est le même espace que nous voyons au dessus de nos têtes et où se meuvent les nuages, où l'air circule, où brillent les astres, ou plutôt, c'est cette apparence de voûte circulaire qui environne l'espace.

EMMANUEL.

Et Dieu dit cette fois encore que son ouvrage était bon, n'est-il pas vrai, monsieur?

LE MAITRE.

Non, mon ami, et c'est une chose digne d'observation; car elle prouve au plus haut degré ce que j'avançais tout à l'heure, à savoir que Dieu créait exclusivement, dans le but d'être utile à l'homme, et qu'il ne trouvait de complétement bon que ce qui pouvait nous servir. Rappelez-vous que, si une partie des eaux s'était raréfiée et volatilisée pour occuper les régions de l'air, une autre partie demeurait répandue sur toute la terre, de telle sorte que la terre n'était pas habitable. Pour en faire notre demeure, il fallait une nouvelle parole de Dieu; son œuvre n'étant point achevée sous ce rapport, il ne voulut donc pas dire qu'elle lui paraissait bonne.

EMMANUEL.

Ah! monsieur, je comprends cela. La séparation des eaux qui couvraient la création était assurément une œuvre bonne en elle-même, et le bon Dieu ne peut rien faire que de bon; mais, dans sa pensée, cette œuvre n'était pas bonne, jusqu'à ce qu'elle fût conduite à fin et tout à fait à notre usage.

LE MAITRE.

C'est bien cela. Dieu accomplit cette œuvre le troisième jour : « Que les eaux, dit-il, qui « sont sous le ciel, se rassemblent en un lieu, « et que l'élément aride, débarrassé de cette « inondation, se montre à découvert. » Dieu dit, et la chose fut faite. Il donna donc à l'élément aride le nom de *terre* qu'il n'avait pas encore, et l'assemblée des eaux fut appelée les *mers*; par un seul acte de sa volonté, Dieu avait creusé les immenses bassins qui emprisonnent leurs flots agités; il avait fallu qu'il élevât de tous côtés les rivages au-dessus du niveau des eaux, qu'il donnât la pente nécessaire aux fleuves pour se diriger vers ces réservoirs, qu'il remplaçât par les montagnes ce qu'il ôtait ainsi à la terre, et qu'ayant ainsi changé les proportions du globe, il l'établît au milieu de l'air, sur des bases nouvelles non moins solides que les premières; tout cela renferme des merveilles sans nombre. Alors il vit que cela était bon; mais en prononçant presque aussitôt ces paroles : « Que la terre produise l'herbe verte qui « porte de la graine, qu'elle produise des « arbres chargés de fruits selon leur espèce, « avec la semence destinée à les multiplier. » Il ne suffisait point à Dieu d'avoir préparé une si vaste demeure pour nous, il voulait l'orner et l'enrichir des plus précieux trésors. La terre se couvrit d'herbes, de fruits et de plantes.

Ce jour-là même, Dieu fit le Paradis terrestre, parce que c'était le séjour qu'il destinait à notre premier père. Jardin délicieux, chef-d'œuvre de ses mains après l'homme. Quoique inférieur au Ciel, comme le sont nécessairement aux choses infinies les choses finies et bornées, toute la magnificence du plus riche langage ne saurait peindre l'abondance, les douceurs, les charmes, les félicités qu'il renfermait. On croit qu'il était situé dans la Palestine, près des lieux même où Jésus-Christ devait s'immoler pour la rédemption de nos âmes. Les Hébreux l'appelaient aussi *Eden*, c'est-à-dire terre de volupté ; il s'étendait d'un côté, depuis la rive occidentale du Jourdain jusqu'à la Méditerranée; et de l'autre, depuis la rive orientale du même fleuve jusqu'aux sources du Gehon qui coule autour du pays d'Ethiopie dans l'Arabie déserte, du Phisom qui arrose l'Arabie heureuse, du Tigre qui se perd dans le golfe Persique, et de l'Euphrate que vous chercherez sur la carte de géographie.

EMMANUEL.

Je sais qu'Adam et Ève, après avoir été placés dans ce lieu de délices, se virent forcés d'en sortir ; maman m'a raconté cela depuis quelque temps. Mais, monsieur, qu'est-il donc devenu, depuis lors, le Paradis terrestre? Qu'on ne puisse y entrer à cause du chérubin qui en défend les approches, je le conçois bien; mais il doit être facile aux voyageurs de savoir où il est, quand ils comparent les lieux de la Palestine qu'ils peuvent visiter avec cette étendue de terre inaccessible.

LE MAÎTRE.

Mon ami, le chérubin est remonté au ciel. Il n'y a plus dans la Palestine un seul endroit que les voyageurs ne soient à même d'explorer d'un bout à l'autre; le Paradis terrestre n'existe plus, et la raison en est que le déluge universel, dont nous aurons à nous entretenir incessamment, l'a détruit avec les hommes et toutes les beautés primitives de la terre.

EMMANUEL.

Ah! oui, monsieur, c'est vrai; je n'y songeais pas.

LE MAÎTRE.

Mais nous verrons tout à l'heure l'histoire du Paradis terrestre. Attendons la suite du sixième jour. C'est le troisième qui nous doit occuper maintenant.

On a observé, mon ami, que le temps où Dieu donna ordre à la terre de produire des fruits, des herbes et des plantes, n'était la saison ni des herbes, ni des plantes, ni des fruits, dans ce pays de Palestine ; ce n'était point le printemps, ce n'était point l'été, où les moissons et les récoltes s'y firent par la suite ; c'était l'automne, où la terre n'y offre rien à recueillir ; car l'influence des saisons n'est pas la même sur toute la surface du globe ; elle varie suivant celle de la température. Vous savez que de deux contrées placées à une certaine distance, l'une peut éprouver une très-forte chaleur, lorsqu'au même instant l'autre subit les rigueurs d'un froid glacial, et alternativement. L'automne était pour la Palestine ce que l'hiver est pour nous. Dieu voulait, sans nul doute, nous montrer ainsi que le ciel et la terre n'obéissent point, en donnant leurs productions, aux irrésistibles lois d'une nature essentiellement féconde, et que nous devons tant de biens à la toute-puissante et libre disposition de sa Providence paternelle.

EMMANUEL.

*Aux irrésistibles lois d'une nature essentiellement féconde*... Monsieur, je n'entends pas beaucoup cela.

LE MAÎTRE.

Cela veut dire, mon cher enfant, qu'il est absurde et impie de regarder la terre comme ayant la vertu de produire ses fruits et ses plantes par son propre pouvoir et sans l'ordre de Dieu.

EMMANUEL.

Est-ce qu'il y a des hommes qui pensent aussi mal?

LE MAÎTRE.

Malheureusement, mon cher Emmanuel, il y en a quelques-uns.

EMMANUEL.

Ces gens là s'imaginent donc que la terre a des volontés, qu'elle réfléchit?.. Mon Dieu! ce n'est pas pour rire que vous me le dites?

LE MAÎTRE.

Point du tout. Il est juste de vous dire aussi que ces insensés, avec leurs rêveries misérables, obtiennent tout simplement le ridicule et le mépris, sinon la pitié.

Mais vous, mon ami, quelle conséquence tirez-vous de là pour votre conduite particulière? Car enfin, c'est mon but principal que vous ne devez jamais perdre de vue.

EMMANUEL.

Il me semble, monsieur, qu'en voyant les richesses de la terre, je sentirai au fond de mon cœur une profonde reconnaissance pour le Dieu bon qui nous les donne, qu'en goûtant ma part de ses fruits, en me nourrissant de mon pain quotidien, je penserai toujours à deux choses principalement : d'abord à remercier mon divin Bienfaiteur, et ensuite à n'en point mésuser, parce qu'ils sont créés aussi pour mes semblables et qu'il faut leur laisser aussi leur part.

LE MAÎTRE.

Je vous laisse sur cette bonne pensée. A vendredi prochain.

---

## CINQUIÈME LEÇON.

En arrivant à la leçon, Emmanuel paraissait préoccupé. Le maître vit bien qu'il avait quelque observation à lui faire, et le questionna.

EMMANUEL.

Vous avez parlé, vendredi dernier, de la séparation des eaux qui enveloppèrent la terre, et de la formation des mers et des nuages. Sur ce dernier point, monsieur, je ne puis rien m'expliquer. Comment se tiennent-elles suspendues en l'air, comme des bulles de savon, ces énormes masses d'eau, qui sont souvent plus vastes et aussi compactes que les plus grands fleuves. Si vous jugez à propos de m'en instruire, je serai bien content. Pour ce qui regarde la mer, maman m'a dit que son eau est salée, que personne ne sait d'où viennent ces sels et qu'on n'en découvre ni les mines ni les sources.

LE MAÎTRE.

Je répondrai à vos deux demandes, mon enfant. Dieu, dans son adorable prévoyance, destinait les eaux de la mer à l'utilité de l'homme, ainsi que tout le reste. Si elles s'étaient corrompues, le but du Créateur n'aurait pas été atteint. Voilà pourquoi le sel dont il les a pénétrées, et dont il est impossible, en effet, de découvrir l'origine. Si insaisissable qu'il soit à cet égard, ce sel paraît fort pesant, puisque le soleil le plus ardent ne peut l'enlever avec les vapeurs dont se forment les nuages, et qu'à une certaine distance il s'en détache pour retomber dans la mer.

Autre prévoyance de Dieu. Il a voulu que les eaux de la mer fussent continuellement agitées, non-seulement par les vents, mais encore par le mouvement qui leur est propre, qu'elles fussent poussées du centre vers les rivages durant six heures, et des extrémités au milieu pendant un temps égal, sans jamais dépasser les bornes qui leur sont prescrites. Cette agitation générale et régulière les épure, les renouvelle et les rend toujours saines et salutaires. Ce qui produit un si merveilleux mouvement, c'est une cause dont on ne se douterait guère : la lune presse l'air et les eaux entre les tropiques, assez voisine de la mer pour agir ainsi sur elle et assez éloignée pour que son influence ne soit pas trop violente.

Quant aux nuages, nous en ferons la matière d'un entretien dès qu'il sera question du déluge universel.

EMMANUEL.

Vous avez dit que la terre était aride d'abord, qu'elle ne produisait rien, et que, pour la création de chaque plante, de chaque fruit, de chaque brin d'herbe, il a fallu une action particulière de Dieu. Comment, monsieur, en un instant, Dieu s'est occupé de donner à toutes ces productions sans nombre, la naissance, leurs formes variées, leurs couleurs et leurs nuances, leur saveur?...

LE MAÎTRE.

Assurément, mon ami; et admirez encore sa prévoyance et sa bonté.

Il a revêtu les campagnes de verdure, et choisi cette couleur, parce qu'elle est plus en rapport avec la structure de nos yeux. Si toutes les plantes étaient de couleur rouge ou blanche, qui pourrait en soutenir l'éclat disgracieux? Si elles avaient une teinte sombre, leur aspect nous inspirerait la tristesse et le dégoût. Entre ces deux extrêmes, la verdure tient le milieu ; elle délasse la vue, elle ne laisse pas même de la flatter et de la reposer délicieusement.

Partout la verdure domine, mais avec des

variétés infinies. Aucune plante ne ressemble à une autre plante, ni pour la figure, ni pour le goût, ni pour l'odeur. Chacune a sa place marquée, selon sa nature et les besoins de son existence, sur les montagnes ou au fond des vallons, dans les sables brûlants ou près des rivières et des fraîches fontaines, au souffle caressant de la brise ou sur la route du torrent ravageur qui nourrit sa sève et fortifie son écorce noueuse contre lui-même.

Tenez, mon ami, j'ai une idée qui ne vous déplaira pas. La soirée est belle, le coucher du soleil nous promet un ciel pur pour demain. Avançons un peu l'heure du repos : nous pourrons nous lever avec le jour et faire une promenade dans la campagne. Là, nous verrons de nos yeux ce ravissant spectacle, dont la parole ne sait donner qu'une idée bien imparfaite. Ce sera la suite de notre cinquième entretien.

EMMANUEL.

Quel bonheur? Oh! monsieur, que ne dois-je pas faire pour reconnaître vos bontés?..

Le lendemain, en effet, dès quatre heures, le maître et l'élève se dirigeaient vers la campagne voisine. Le soleil n'était pas aussi brillant que la sérénité de la veille avait semblé l'annoncer. On eût dit une grosse boule de safran qui roulait avec peine sur d'épais flocons de laine entassés pêle-mêle et refoulés par son disque pesant. Quelques rayons obliques s'échappaient par intervalles de cette masse mobile, et après avoir effleuré la terre de leur éblouissante et pâle lueur, s'éteignaient aussitôt.

EMMANUEL.

C'est bien dommage, monsieur; en l'absence du soleil, la campagne perd beaucoup de sa beauté. Ces vilains nuages, que viennent-ils faire là?

LE MAÎTRE.

Vous vous trompez, mon enfant. Ces nuages sont magnifiques. Voyez ce délicieux reflet qui colore d'une teinte si molle et si variée leur mystérieuse épaisseur, cette longue frange d'or dont la bordure légère et sinueuse enrichit leurs contours et inonde l'espace d'une indéfinissable clarté. Les trônes des rois pâlissent auprès de celui-là.

Mon ami, vous m'avez demandé quelques explications concernant la nature des nuages et leur origine. Je pensais vous les donner plus tard. Puisque l'occasion s'en présente, je vous les donnerai maintenant. Nous examinerons ensuite les merveilles de la campagne.

Les nuages sont des amas de brouillards formés à la surface de la terre, au fond des vallées, sur les collines et les montagnes, sur la mer, les lacs, les fleuves et les rivières. Lorsqu'on remplit un vase d'eau chaude, il s'en échappe une fumée plus ou moins épaisse; cette fumée est un brouillard. Tous les brouillards se forment de même. Ils se dégagent des lieux humides, à mesure que la température de l'air devient moindre que celle de l'eau qui les produit, c'est-à-dire moins chaude. S'il s'élève alors un grand vent qui les disperse, ils conservent leur nature, et ne cessent pas d'être des brouillards; si, au contraire, le vent les entraîne sans les disperser, ils s'élèvent à des hauteurs diverses dans l'atmosphère, et demeurent immobiles dans un ciel pacifique, ou suivent docilement les caprices des courants d'air. L'exemple du vase d'eau chaude vous montre que l'épaisseur du brouillard croît en proportion de la différence de température de l'air et de l'eau; de même l'épaisseur des nuages, puisque les nuages sont des brouillards.

Mais on peut assigner aux nuages plus

d'une sorte d'origine Ils peuvent naître, indépendamment des influences réciproques entre l'air et le globe. Ainsi, deux vents humides se rencontrent dans l'atmosphère, deux vents dont l'un est plus chaud que l'autre; du plus froid il résulte un nuage.

Les nuages se composent de vapeurs vesiculaires, c'est-à-dire de petits globules creux, à peu près comme de très-petites bulles de savon. Ces globules se distinguent parfaitement à l'œil nu, dans la fumée qui sort du vase rempli d'eau chaude, et mieux encore de café. La pellicule qui les enveloppe les rend plus pesants que l'air, et l'on conçoit difficilement qu'ils y restent suspendus; mais voici comment les physiciens expliquent ce phénomène. Ils disent que l'air contenu dans les globules du nuage est une simple vapeur d'eau, et qu'il est par conséquent beaucoup plus léger, à son plus faible degré de pesanteur, que l'air qui entoure le nuage. Ils ajoutent que l'air qui se trouve interposé entre chaque globule est à son plus fort degré d'humidité, et doit, en conséquence, avoir le poids et l'activité nécessaires pour soutenir et élever l'ensemble du nuage.

Vous concevez après cela, mon enfant, pourquoi les nuages cherchent le soleil ; l'espace que remplit son foyer n'étant jamais aussi humide que le reste de l'atmosphère, l'air y est plus léger, et les nuages y sont tout naturellement dirigés par l'air plus épais qui les soutient et les pousse.

J'ai tâché de mettre ces explications à votre portée. M'avez-vous bien compris?

EMMANUEL.

Je le crois, Monsieur, et d'ici à huit jours, si, en cherchant à me rendre compte de cette leçon, je suis embarrassé, vous me permettrez de recourir à vous.

LE MAÎTRE.

De grand cœur, mon enfant. Eh bien, levez les yeux. Voilà tous les nuages dissipés. Ce n'est probablemement pas cette fois un courant d'air qui les a balayés, bien que cela se puisse faire souvent; c'est qu'en s'approchant à une distance très-voisine du soleil, et passant ainsi dans une région plus sèche de l'atmosphère, ils ont dû se réduire de nouveau en vapeur. subir l'action desséchante de la chaleur, et peu à peu disparaître.

Donc nous allons voir la campagne dans toute sa beauté. Quel admirable tableau! Quelle douce variété! Quelle harmonie! Écoutez ce petit gazouillement mystérieux, et ce petit ruisseau caché dans des touffes de gazon fleuri, et qui serpente à travers la plaine, répandant partout la fraîcheur et la gaîté. Est-il une chose comparable aux magnifiques tapis de verdure qui se déroulent devant nous? En un instant, vous remarquez toutes ces nuances délicates, ces infinies complications de dessins, ces gracieuses teintes d'émail, et, en même temps, cette prodigieuse simplicité du tissu, qui décèle la toute-puissance de l'ouvrier. Si grandes que soient ces merveilles, il semble que Dieu les trouvait encore imparfaites. Le petit ruisseau n'est pas seul à égayer la prairie par ses murmures mélodieux; des massifs d'acacias et de maronniers prêtent leurs ombrages mouvants aux perpétuels concerts des oiseaux du ciel, et forment de plus, au milieu de cette scène ravissante, une quantité d'accidents toujours nouveaux et toujours gracieux. Pour ajouter aux charmes des fleurs, les papillons vagabondent près d'elles, comme des courtisans vêtus d'or et de pierres précieuses; ils se se posent quelquefois aux lèvres de leurs corolles, pour s'envoler bien vite, rafraîchis et enivrés des sucs vivifiants qu'elles contiennent; jolis papillons aux capricieuses fantaisies, à la robe diaprée, enfants gâtés de la nature!

Où donc le Créateur a-t-il pris son idée, mon ami? Quel modèle a-t-il suivi? Dans une telle multiplicité de productions, comment se fait-il que ce grand artiste n'ait pas épuisé son génie, commis une seule confusion, répété quelquefois la même chose? Qu'il est puissant! qu'il est bon! Oh! combien nous devons le remercier et l'aimer! Passons maintenant à l'examen de quelques fleurs.

La Genèse s'exprime ainsi : « Que la terre produise de l'herbe verte, qui porte de la graine *selon son espèce*. » Ces derniers mots indiquent visiblement qu'il y a des plantes qui ne portent point de graine, mais qui se perpétuent par d'autres moyens : par des boutures, comme les œillets; par des traînées, qui prennent racine, comme les fraisiers; par les cayeux, qui sont des rejetons d'anciens oignons, et donnent le lis et la tulipe. Les autres fleurs naissent par des moyens qui leur sont propres.

Toutes les plantes ne sont au commencement qu'une petite graine, dans laquelle on distingue sans peine, au moyen du microscope, la plante elle-même, ce qui doit être ses racines, ses feuilles, sa tige, ce qui la vivifiera, ce qui la fera éclore et parvenir au terme de son extrême croissance. Dieu créa les plantes en ce dernier état ; elles ne suivirent pas alors les lois de développement qui depuis leur furent imposées. En effet, le caractère actuel de ce développement, c'est que la graine, mise dans des circonstances favorables, devienne une plante parfaitement semblable à celle dont elle tire l'origine. Une plante se tire toujours d'une autre plante du même genre. Si nous avions la vue plus perçante et des microscopes plus parfaits, nous découvririons dans la graine une seconde graine, et dans celle-ci une troisième, avec autant d'ébauches de chacune des plantes qui doivent en résulter.

EMMANUEL.

Quand on pense qu'il a fallu quelques paroles seulement pour faire toutes ces choses!

LE MAÎTRE.

Eh! mon ami, qu'est-ce qu'un homme pour vous raconter ce que Dieu a fait! Je vous donne à peine des indications très-légères. Un ange passerait l'éternité entière à contempler les merveilles que présente un seul brin d'herbe. Avouez qu'au milieu de tant de magnificences divines, nous sommes bien coupables de gaspiller nos jours en coupables frivolités, ou du moins en inutiles labeurs.

Nous avons parlé des fleurs et des beautés de la campagne. Il n'y a jusqu'ici qu'un immense jardin. La vue est satisfaite, l'odorat flatté; Dieu ne s'en tient pas là. « Que la terre, dit-il, produise..... des arbres fruitiers; » et nous eûmes la pêche veloutée, la pomme, la poire, la cerise vermeille, la figue succulente ; tous ces fruits que vous aimez tant, la main divine les sème avec une telle prodigalité que les arbres, fatigués de leur poids, s'inclinent jusqu'à terre, comme pour nous dire : Ce n'est ni pour Dieu ni pour moi que je suis riche ; bénissez Dieu, et déchargez-moi. D'autres l'avaient remarqué avant votre professeur. On a également remarqué que les meilleurs fruits, par exemple, la pêche et le raisin, sont les plus voisins de la terre et de l'homme.

Une autre observation. Ces arbres créés au même moment, sont distribués pourtant selon les divers besoins des climats divers où les hommes doivent séjourner. On trouvera dans les pays chauds les oranges, les citrons, les grenades et tous les fruits acides qui ont la propriété de rafraîchir ; dans les climats tempérés, les fruits doux ; les pins, les sapins, les cyprès, et tous les arbres résineux et de sève chaude seront réservés pour les montagnes, qu'ils protégent contre les rigueurs du froid.

Et c'est ce qui vous montre, mon ami, l'utilité des arbres même qui ne portent pas de fruits. Outre l'ombrage, qu'ils nous donnent plus abondamment que les autres, leur dôme nous défend des intempéries de l'air, leurs feuilles pompent les vapeurs malsaines ou trop abondantes, leurs troncs et leurs branches composent nos maisons, nos vaisseaux, nos ameublements, des remèdes salutaires, l'aliment de nos foyers, les habits dont nous couvrons nos corps.

Oh! oui, la Genèse peut bien ajouter : « Dieu vit que cela était bon. »

Ainsi se termina, nous l'avons vu, ce troisième jour de la création... Je m'aperçois, mon ami, que nous avons oublié l'heure de rentrer. C'est assez.

EMMANUEL.

Est-ce que nous reviendrons, Monsieur?

LE MAÎTRE.

Sans doute; mais pour rester moins longtemps, et à diverses reprises. Cette explication vous suffit à présent. Vous êtes encore d'un âge où il y aurait danger de vouloir apprendre beaucoup, parce qu'on ne retiendrait rien. Ainsi, pénétrez-vous bien de ce que je viens de vous dire, et vous pourrez passer sans inconvénient à un autre objet.

A son retour, Emmanuel eut à raconter devant sa mère mille et mille choses charmantes. De sa vie, l'enfant n'avait été si heureux.

---

## SIXIÈME LEÇON.

Le vendredi suivant, l'objet de la leçon fut en effet l'ouvrage du quatrième jour, Emmanuel, cette fois, avait rencontré un peu plus de difficulté que de coutume dans la récapitulation de l'entretien précédent. Il y avait là quelques notions de physique, bien simples, sans doute, et aussi clairement exprimées que possible, mais qui ne laissent pas d'avoir une sorte d'étrangeté embarrassante pour l'enfant dont elles intéressent le plus la curiosité naïve. Grâce au secours de son maître et même de sa mère, qu'il avait discrétement questionnés, il réussit à la fin.

LE MAÎTRE.

Le quatrième jour, Dieu dit : « Qu'il se « fasse dans le firmament deux grands corps

« lumineux, pour diviser le jour d'avec la « nuit; qu'ils servent à marquer les temps, « les saisons, les jours et les années; qu'ils « brillent dans le ciel et qu'ils éclairent la « terre. » Dieu fit donc deux grands corps lumineux, l'un plus grand pour présider au jour, l'autre plus petit pour présider à la nuit. Et le soleil parut, cet instrument admirable, comme s'exprime l'Ecriture sainte au livre de l'Ecclésiastique. Dieu supprima la lumière qui éclairait, avant lui, les choses créées; il parut dans le firmament, et l'inonda de ses feux comme d'un vaste incendie. A cette lumière nouvelle, la nature tressaillit et devint mille fois plus belle; il parut, et s'élança de l'horizon, comme un géant, pour parcourir sa merveilleuse carrière, sans jamais dévier d'un pas; trop éloigné de la terre pour la brûler, trop près d'elle pour qu'elle puisse se glacer jamais.

De cette époque date le premier jour du

premier mois des quatre mille huit années qui ont précédé la venue de Jésus-Christ, bien qu'il ne convienne pas d'effacer du nombre des jours les trois jours précédents.

Ainsi furent marqués, par le cours du soleil et des autres astres, les temps et les jours. Dieu voulut assigner le jour à l'homme pour le travail, et la nuit pour le repos; il mesura chaque mois sur l'intervalle que met la lune à parcourir le zodiaque, c'est-à-dire à passer devant les douze constellations principales que la face du soleil couvre successivement chaque année, et qui forment, dit-on, une bande circulaire.

Emmanuel, j'ai nommé les astres. La Genèse ne dit pas d'abord que les étoiles furent créées avec le soleil; elle le dit ensuite : « Il « fit aussi les étoiles. » Toutes ces étoiles, qui vous paraissent à peine larges comme la flamme d'une bougie, sont beaucoup plus grandes que la terre; toujours vives, toujours immuables depuis leur création, toujours brillantes par elles-mêmes et toujours fixes; et c'est ce dernier trait qui les distingue des planètes, car celles-ci ne luisent qu'en réfléchissant la lumière du soleil, et se meuvent sans cesse autour de lui. Les astronomes, mon ami, ont étudié la nature et le cours des étoiles; ils ont fait à ce sujet des découvertes plus ou moins précieuses et réelles, que vous connaîtrez plus tard; c'est bien. Mais plusieurs ont cru les avoir comptées. Croiriez-vous cela, mon enfant? compter les étoiles! compter cette poussière lumineuse qui couvre sur toute leur surface les champs illimités de l'espace! compter seulement celles qui forment la Voie Lactée, à quatre cent quatre-vingt-quatre millions de lieues! compter celles qu'on voit et celles qu'on ne voit pas! Il est dit dans les saintes Ecritures que Dieu fit sortir Abraham de sa tente, et lui dit :

« Levez les yeux au ciel, et comptez les « étoiles, si vous pouvez. »

EMMANUEL.

Je voudrais bien savoir ce qu'il a répondu, Abraham?

LE MAÎTRE.

Il eut assez d'esprit pour ne point essayer.

EMMANUEL.

Je n'essaierai pas non plus.

LE MAÎTRE.

Les étoiles sont beaucoup plus grandes que la terre; il y en a qui surpassent en grandeur le soleil.

EMMANUEL.

Mais, Monsieur, comment se fait-il alors que la Genèse, en parlant du soleil et de la lune, emploie ces expressions : « Deux grands « corps lumineux, » par comparaison avec les étoiles ? Cela semblerait indiquer que toutes les étoiles sont plus petites.

LE MAÎTRE.

J'attendais cette réflexion. Mon ami, la Genèse paraît se contredire, et ne se contredit point; elle parle à des hommes, et veut employer un langage qu'ils comprennent. Les recherches de la science ont bien pu nous apprendre que le soleil n'égale pas en grosseur certaines étoiles; mais il fut un temps où ces recherches n'avaient pas eu lieu, et aujourd'hui encore, le nombre des ignorants en cette matière est infiniment plus considérable que le nombre des savants. Naturellement, nous jugeons des choses visibles par nos yeux, et des choses sensibles par nos sens; eh bien! dans la situation où nous sommes relativement aux étoiles, nos yeux les voient plus petites que le soleil; ils voient le soleil et les étoiles à la même distance du globe terrestre, et jugeant de l'étendue par la clarté, nous commettons l'erreur en question. Je vous le répète : la Genèse s'exprime d'une manière conforme au langage habituel des hommes. Il ne s'agissait pas de faire un cours d'astronomie : Dieu, qui créa les astres, l'aurait assurément mieux fait que personne, et n'aurait rien laissé à découvrir aux savants : il s'agissait de se faire entendre et comprendre.

EMMANUEL.

Maman m'a dit aussi que ce n'est pas le soleil qui tourne autour de la terre, mais bien la terre autour du soleil.

LE MAÎTRE.

Madame votre mère a eu raison.

EMMANUEL.

Mais vous disiez tout à l'heure que le soleil s'était élancé dans l'espace; qu'il faisait sa course d'un bout de l'horizon à l'autre comme un géant, et qu'il parcourait le zodiaque.

LE MAÎTRE.

Oui, mon cher Emmanuel; bien que je sois convaincu, autant que personne, de l'exactitude des paroles de madame votre mère, j'ai suivi l'exemple de la Genèse ; je me suis conformé au témoignage de vos sens, unique moyen de juger que vous puissiez avoir provisoirement. Ce que votre mère vous a dit, vous le croyez, et je vous en félicite ; mais le comprenez-vous ? seriez-vous à même de me l'expliquer et même de vous l'expliquer à vous-même ? Ne vous semble-t-il pas encore que le soleil se meut dans l'espace comme les nuages, quand, de vos yeux, vous le voyez positivement se mouvoir, et que, d'ailleurs, vous voyez de vos yeux aussi, par opposition, l'immobilité des étoiles ? Qui vous éclaircira ce mystère ? car c'est un mystère pour vous. Fallait-il vous raconter qu'il y a sur ce sujet deux systèmes, l'un de Claude Ptolémée, savant mathématicien d'Alexandrie, en Egypte ; l'autre de Nicolas Copernic, chanoine de Thorn, en Prusse ; le premier, qui place la terre au centre de l'univers, dans un état complet d'immobilité, et fait mouvoir autour d'elle le soleil; le second, qui fait mouvoir la terre autour du soleil, et place le soleil au centre de l'univers, dans un état complet d'immobilité? Vouliez-vous savoir que, suivant l'opinion de Copernic, renouvelée de Philolaüs et préparée par le cardinal Cusa, six planètes, Mercure, Vénus, la Terre, Mars, Jupiter et Saturne tournent sur leur axe autour du soleil, d'orient en occident; que, durant une année, la terre fait son mouvement dans un cercle qui environne celui de Vénus, et qu'elle fait encore, en vingt-quatre heures, un autre mouvement autour de son axe, de manière à présenter constamment au soleil une moitié de sa surface, et à laisser l'autre moitié dans l'ombre? Eh bien! mon ami, je vous l'ai dit maintenant; me comprenez-vous? Que d'explications nouvelles vous auriez à me demander sur toutes ces choses! Je ne puis vous les donner, elles seraient au-dessus de votre âge. Dans la suite, vous les recevrez; vous deviendrez un grand astronome, peut-être. Si étendues que soient alors vos connaissances, si déterminé partisan que vous soyez de l'opinion de Copernic, voici deux points essentiels à remarquer : c'est que l'opinion de Copernic est une opinion, et qu'elle peut être aujourd'hui ou demain déplacée par une autre, comme elle a déplacé celle de Ptolémée; c'est surtout qu'en tout état de cause, quand vous aurez à parler du soleil au vulgaire des hommes, vous suivrez encore leur manière instinctive de voir et de juger, disant : *le soleil monte,* pour signifier qu'il paraît à l'horizon; *le soleil descend,* et même *il se couche,* pour dire qu'il disparaît et que la nuit vient; *le soleil pâlit,* pour signifier qu'entre sa lumière immuable et la terre se forment des vapeurs plus ou moins épaisses. Et vous agirez sensément; et la Genèse a bien pu faire la même chose, n'est-ce pas?

EMMANUEL.

Je suis bien content d'avoir songé à vous soumettre cette question. J'ai gagné à cela des explications curieuses que je n'aurai garde d'oublier. Oh! Monsieur, je voudrais déjà être plus grand pour savoir le reste.

LE MAÎTRE.

Ces temps-là viendront vite, mon ami; ayez patience. Jusqu'à ce qu'ils viennent, comptez bien que jamais la vraie science n'affaiblira en vous les sentiments de profonde gratitude et d'amour dont la vue de tant de bienfaits doit pénétrer votre cœur; au contraire, elle les augmentera sans cesse. C'est avec intention que j'emploie ce mot, *la vraie science;* car il y a une science fausse et mensongère, qui est celle de l'orgueil, et qui aboutit à la stupidité. Quoi qu'ils fassent, les hommes n'en sauront jamais autant que Dieu; jamais ils ne connaîtront la création comme son Auteur. A force de vouloir chercher et parcourir des voies où il est impossible d'entrer, leur intelligence se perd souvent, et ils se jettent dans de ridicules écarts. Ainsi, mon cher Emmanuel, il me paraît assez évident, à moi aussi, jusqu'à nouvel ordre, que ce n'est pas le soleil qui tourne autour de la terre, mais que c'est la terre qui tourne autour du soleil. Cependant je me fie modérément à cette opinion, et le langage de la Genèse, indépendamment des motifs de convenance qui l'auraient dicté, pourrait bien un jour se faire accepter en définitive par la vraie science, comme le seul plausible et le seul conforme à la nature des choses. Quoi qu'il en soit, dès votre enfance, accoutumez-vous à penser que le plus grand effort de raison et d'intelligence dont l'homme soit capable, c'est de rester persuadé qu'avec ses facultés débiles et bornées, il perçoit à peine une très-minime partie des merveilles divines, et, qu'à tout prendre, le comble du génie, c'est la conviction bien sincère de son impuissance, ce qu'on appelle la foi du charbonnier.

J'aurais eu beaucoup de choses à vous dire aussi sur l'œuvre du quatrième jour. Nous n'avons pas contemplé l'astre des nuits, cette douce et gracieuse lumière qui réfléchit les rayons lointains du soleil aux heures tranquilles où le roi du jour visite un autre hémisphère. Nous n'avons pu qu'indiquer son influence heureuse sur les eaux de l'Océan ; vous saurez seulement qu'elle est pour le navigateur un excellent moyen de reconnaissance ; car c'est en observant la distance de la lune à une étoile que le marin détermine sa position. Je finis : cette leçon, quoiqu'elle ait été courte, renferme une foule de choses qui commandent vos réflexions, et dont j'espère avoir l'analyse parfaite dans huit jours.

## SEPTIÈME LEÇON.

La mère d'Emmanuel fut émerveillée, lorsque son fils vint lui dire qu'il s'était fait éclaircir la question du mouvement de la terre autour du soleil. Elle remarqua, non sans plaisir, le soin scrupuleux qu'avait eu le maître de rester dans les explications générales, et de ne point fatiguer dangereusement une si jeune tête par de longues subtilités hors de propos. Le contentement d'Emmanuel la charmait aussi, et d'autant mieux que pour cette étude de choix il ne négligeait pas ses autres études. Après l'avoir écouté attentivement, et quelquefois aidé dans certains passages plus difficultueux, elle lui donna le conseil suivant : « Prenez l'habitude de résumer vos leçons sur le papier; n'étant pas encore bien aguerri sous le rapport de la dictée, vous aurez quelque peine; mais je vous dirigerai; et dès que nous atteindrons le chiffre de douze leçons, vous les présenterez à votre père, pour lui causer une agréable et douce surprise.» Cela fut convenu. Le père d'Emmanuel était employé dans une administration qui occupait toutes ses journées, depuis neuf heures du matin jusqu'à dix heures, et il se reposait sur sa femme du soin de surveiller l'éducation.

Arrive le vendredi désiré. L'analyse étant faite, le maître commença à parler du cinquième jour de la création.

LE MAÎTRE.

Dieu parla, et il dit : Que les eaux produisent des animaux vivants, qui nagent dans leur sein, et des oiseaux qui volent dans le firmament. Dieu créa donc les grands poissons et tous les animaux qui ont le mouvement et la vie, en même temps qu'il sortait de la mer une multitude d'oiseaux.

Comprendre que les eaux produisent des animaux, c'est-à-dire des êtres animés, capables de prudence, de ruse, d'habileté, d'une sorte d'intelligence, c'est impossible.

Et aussitôt se fait remarquer en ce nouvel acte de Dieu une admirable économie. Les mers sont remplies, dit le prophète David, d'un nombre infini de poissons ; ne pouvant, par leur conformation, s'aventurer sur la terre, où trouveront-ils leur pâture au milieu de cette liqueur stérile et salée? Leur nombre fait précisément leur conservation : ils s'entredévorent, et sont doués d'ailleurs d'une fécondité prodigieuse, qui sans cesse répare les effets de leur voracité. Mais, direz-vous, si les grands poissons dévorent les petits, l'espèce doit ainsi s'anéantir tôt ou tard; en effet, les petits sont toujours la proie des grands, et dans cette région des mers, ils ne trouvent aucun refuge? Au contraire : ils ont des armes puissantes contre l'ennemi : une plus vive agilité, la ressource de nager dans les eaux basses que sa grosseur l'empêche de fréquenter, une prévoyance et une sorte de sagacité supérieure que leur donnent la faiblesse elle-même et des périls incessants. Reste la question de savoir comment pourront se nourrir les grands poissons, à défaut des petits, puisqu'ils n'habitent que la haute mer, et ne peuvent s'approcher des rivages. Ici, mon enfant, je confesse mon ignorance. Ce qu'il y a de certain, c'est que les baleines, les requins et autres monstres de la mer n'ont pas cessé de se perpétuer depuis la création, et conséquemment de se nourrir. Il faut ici s'incliner dans les mystérieuses profondeurs de l'œuvre de Dieu, ici, comme en beaucoup d'autres circonstances. Non, mon enfant, nous n'avons pas le secret de toutes choses : nous ne savons pas comment ces eaux si amères purent produire et peuvent réserver pour notre usage des chairs aussi douces que le sont celles de certains poissons; nous ne savons pas comment les plus délicieux au goût se trouvent être ceux qui fréquentent les rivages, et se mettent le mieux à la portée du pêcheur; comment les sardines, les harengs, les morues se tiennent au large pour multiplier et acquérir la grosseur nécessaire, puis viennent d'eux-mêmes s'offrir en temps opportun à nos filets; comment les plus délicats s'échappent volontairement des eaux natales, et remontent, pour ainsi dire, à travers les fleuves, jusque sur nos tables; nous savons seulement que ce sont autant de preuves de l'inépuisable bonté de Dieu ; nous devons rougir d'en être si peu dignes, former une solide résolution d'y répondre autant que possible dans la suite , et faire monter sans cesse vers cet adorable Bienfaiteur des hymnes de reconnaissance et d'amour.

Chose prodigieuse ! Les poissons et les oiseaux du ciel ont une origine commune : les poissons muets et voraces, et ces jolis oiseaux qui charment nos oreilles de leurs douces mélodies et deviennent souvent les tendres compagnons de notre existence ! Eh ! bien, mon cher ami, vous rappelez-vous un chapitre que je vous lus dernièrement au sujet des oiseaux ?

On admirait d'abord leur structure et leur vol. On se demandait par quel miraculeux secret deux ailes se meuvent dans une direction uniforme, soutiennent l'oiseau dans l'air, et le dirigent au gré de sa volonté, soit à une très-grande élévation, soit à la surface de la terre où se posent ses pieds. On remarquait surtout le vol de l'hirondelle, si varié, si rapide, si continu, si plein d'adresse, et, disait-on, d'intelligence, ce nombre infini d'inflexions, d'écarts et de retours, cette prévoyance des dangers, cette merveilleuse manière de poursuivre, sans s'arrêter, les moucherons qui sont sur son passage.

De là, l'auteur signalait l'industrie des oiseaux. Il les montrait occupés à bâtir leurs nids et à les préparer d'abord. Jamais, disait-il, ces petits architectes ne sont en retard. La nécessité ne prévient jamais leurs dispositions. Au temps marqué, ils s'en vont, voltigeant, parmi les blés comme l'alouette, parmi nos édifices comme l'hirondelle, parmi les buissons ou les grands arbres, selon leur nature et leur utilité, pour chercher un emplacement solide. Ensuite, commencent de nouvelles recherches. Il faut des matériaux : de la paille, du crin, de la laine, de faibles tiges, du ciment; et bientôt les matériaux sont apportés. On se met à bâtir, et ce qui sert de brouettes, de tombereaux, de truelles, ce sont leurs petits becs le plus souvent, et quelquefois leurs petites pattes. Les osiers sont tressés avec une étonnante précision. La demeure s'arrondit. Ayant mouillé son estomac dans un ruisseau voisin, le travailleur en fait jaillir une rosée légère qui humecte encore cette élégante maçonnerie; d'une certaine quantité de grains de terre limoneuse il enduit ses contours et la consolide, sans s'écarter aucunement des lois de la plus rigoureuse symétrie. Quand elle est achevée, des recherches se font encore. Il faut un peu de duvet et de coton pour le berceau des petits qui vont naître, et, s'il n'en trouve pas, il s'arrachera plutôt des plumes. Quelques jours après, une grande fête aura lieu dans le feuillage d'un arbuste ou d'un peuplier; on entendra de joyeux caquetages; la nouvelle mère, au milieu de ses petits, les réchauffe avec amour de ses ailes frémissantes; et sur le bord du nid se tient, silencieux et grave comme un patriarche, et tout absorbé dans une contemplation qui le ravit, l'ingénieux architecte, le chef de la famille.

Ensuite, l'auteur nous entretenait de l'éducation des oiseaux. Tant que les petits ne sont pas en état de pourvoir par eux-mêmes à leur subsistance, le père et la mère ne les quittent jamais; ils s'absentent seulement pour chercher la nourriture nécessaire, mais à tour de rôle. Alors le nourricier retient dans sa gorge l'aliment ou l'eau qu'il apporte sans avaler l'un ni l'autre. Il les prépare; il ne commet pas d'erreur dans le choix, et distingue tout naturellement ce qui est nuisible de ce qui est salutaire, ce qui est trop substantiel de ce qui convient à des nouveaux-nés.

L'hirondelle n'a pas seule le privilége de l'adresse et de la perspicacité; tous les oiseaux, en général, sont d'une vigilance et d'une finesse incroyables. Leur vue perçante discerne tout; au moindre bruit, ils s'envolent. L'appât de la nourriture ne peut faire qu'ils négligent leur sûreté. La défiance se trahit chez eux par mille et mille petits mouvements inquiets de la tête et du corps; ils ont les yeux partout à la fois, et la défiance est leur prudence.

Les entendez-vous, ces aimables musiciens? Ce sont nos maîtres. Mozart et Rossini viennent de leur école. Ils ont les premiers chanté la gloire de Dieu et sa toute-puissante bonté; ils nous reprochent tous les jours de vivre comme les animaux grossiers et taciturnes, qui ravagent les fruits et les fleurs de la terre, pour arracher de son sein déchiré une nourriture infecte, et se saturer sans plus de souci; ou plutôt, mon cher Emmanuel, ils accompagnent de leurs prières harmonieuses nos prières du matin et du soir, saluent la bienvenue du soleil nouveau qui nous est envoyé, offrant à leur éternel Bienfaiteur l'hommage d'une amoureuse reconnaissance, et invoquant sa douce protection pour le temps du repos des nuits.

Voyez le plumage des oiseaux, mon enfant! Quelle parure que celle du paon! Comme le Créateur l'a parsemée d'or et d'azur! quelles douces nuances! quelle richesse! et quelle majesté, lorsqu'il étale à nos regards émerveillés toutes ses splendeurs triomphales! C'est effectivement le roi de la beauté parmi les oiseaux de la terre et de l'air. Le cygne tient le sceptre sur les ondes. S'il y a moins de variété dans ses couleurs et quelque chose de moins superbe dans son allure, cette blancheur éclatante et douce à la fois, cette magnifique simplicité des mouvements et des poses, ces habitudes austères et gracieuses, cette majesté paisible et naturelle, ce bon sens, si j'ose le dire, qui lui fait craindre de chanter, et fuir les ridicules prétentions de son rival; tous ces avantages lui donnent peut-être plus d'une sorte de supériorité. Mais peu importent les différences. Depuis le cygne et le paon jusqu'à l'oiseau-mouche ou colibri; depuis l'oiseau qui fait son nid dans un bouton de rose, jusqu'à l'aigle qui bâtit le sien aux flancs de la montagne avec des perches entrelacées et tapissées de bruyères ou de peaux de bêtes, la munificence de Dieu se manifeste également, comme sa prévoyance infinie. Nul ne saurait bien dire pourquoi la plume du cygne est à l'épreuve de l'eau, sinon parce qu'il habite les rivières; pourquoi cette organisation particulière qui fait de lui un vaisseau vivant, si ce n'est parce qu'il convenait que cela fût ainsi. Tout est merveille, tout est mystère. Les savants, qui veulent tout expliquer, ne vous diront pas, mon enfant, qui enseigne à la poule le moment précis où il faut briser l'œuf pour en faire sortir le poussin; comment les œufs de cane, couvés par une poule, peuvent produire des petits canards, qui instinctivement courent dans l'eau et s'y soutiennent mieux que les plus habiles nageurs, lorsque la poule, instinctivement aussi, comprend qu'elle ne doit point s'y hasarder. Que vous exposeront-ils, les savants, en dehors de la superficie des choses? Que savent-ils à coup sûr? Par quel effet du hasard se trouve-t-il que les oiseaux d'étangs et de rivières ont les pieds palmés pour la nage, un plumage serré, et peut-être enduit de quelque substance huileuse pour repousser l'humidité, un long cou et un long bec pour prendre plus aisément les petits poissons dont ils se nourrissent? Les oiseaux qui ont besoin d'un nid s'entendent toujours à le bâtir; les autres, comme la poule et les oiseaux de basse-cour, auxquels nous fournissons des abris, ne s'y entendent nullement; d'où vient cette différence? A l'entrée de l'hiver, les bécasses, les pluviers, les oiseaux sauvages se préparent pour changer de climat;

le jour et le moment sont marqués ; ils s'assemblent dans les airs : pas un seul ne manque à l'appel ; la troupe se forme et s'organise avec une régularité prodigieuse, et l'on part. De même, les grues, les cigognes, les hirondelles, aux premiers jours de printemps ; de même, au commencement de l'automne, d'autres oiseaux. Qui donc leur donne le signal ? Qui leur a dit qu'ils trouveraient dans un autre pays des jours meilleurs que ceux du pays natal ? Quelle est la cause de cette immense et parfaite unanimité ? Les faux savants ne le savent pas, mon ami ; les vrais savants le savent fort bien : ils s'inclinent devant la sagesse du Créateur, qui seul a pu faire de si excellentes choses ; ils s'écrient : « Seigneur, c'est vous qui avez « créé la terre, et les cieux sont l'ouvrage de « vos mains. Seigneur, que vos ouvrages « sont admirables ! La terre est pleine de vos « richesses. Ouvrages du Seigneur, bénissez

« le Seigneur! Astres du ciel, bénissez le Sei-
« gneur; louez-le dans tous les siècles! Pluies
« et rosées, nuits et jours, lumière et té-
« nèbres, plantes qui naissez de la terre,
« mers et fleuves, baleines et poissons qui
« vivez dans les eaux, oiseaux du ciel, en-
« fants des hommes, bénissez le Seigneur, et
« célébrez sa souveraine grandeur dans tous
« les siècles des siècles ! »

Cher Emmanuel, vous concevez bien que je ne prétends pas vous faire ici un cours complet d'histoire naturelle. Le temps et les forces nous manquent. La matière d'ailleurs est inépuisable. Je vous en ai dit assez, ce me semble, pour vous élever l'âme à la vue des magnificences de Dieu dans l'ouvrage du cinquième jour. Votre attention, la silencieuse surprise avec laquelle vous écoutiez mes paroles sans songer à m'interrompre, votre désir d'apprendre que j'ai le bonheur de connaître, votre excellent cœur, vos pieuses dispositions, ce sont là autant de raisons qui me répondent de l'intérêt que cette leçon vous a inspiré. Jusqu'à présent, je me suis appliqué, sur la fin de chaque explication, à vous montrer toutes les conséquences qu'il fallait tirer des œuvres de Dieu, pour la conduite de la vie et le bien de l'âme; c'est un soin que je ne prendrai plus désormais, au moins ne le prendrai-je pas aussi souvent. Vous êtes en état de voir par vous-même que si le bon Dieu a créé tout ce qui existe, plus la création réunit de beautés et de merveilles, plus la toute-puissance de Dieu et sa libéralité paternelle se manifestent glorieusement, plus il a droit à la reconnaissance de l'homme, pour lequel est créé l'univers.

Dieu, mon ami, en terminant l'œuvre du cinquième jour, se plut encore à considérer ce qu'il venait de produire. « Dieu vit que « cela était bon, » dit la Genèse. Oh! oui, n'est-ce pas? Cela était bon, cela était digne de l'éternelle admiration des anges et des hommes. Néanmoins, cela n'était pas le chef-d'œuvre de Dieu. Il attendait, pour le tirer du néant, ce sixième jour, qui sera le dernier de la création.

Au sortir des entretiens, Emmanuel avait coutume de jouer pendant une demi-heure. Il demanda cette fois la permission de feuilleter son petit cours d'histoire naturelle. Il passa en revue diverses figures d'oiseaux, se rendant compte de leur structure variée, de leurs aptitudes particulières, de leur genre de vie, de leur utilité, de leur concours à l'économie générale des choses, tâchant d'appliquer à chacun d'eux les enseignements qu'il venait de recevoir; et sa récapitulation du vendredi suivant fit bien voir que ses efforts n'avaient pas été sans succès. Dans les promenades des jeudis, l'occasion se présentait souvent de questionner son maître sur tel ou tel accident de la nature, sur les habitudes et le caractère de certains oiseaux, qui n'avaient pas été nommés à la leçon. Il compléta ainsi, autant que son âge le comportait, cette précieuse somme de connaissances élémentaires. Et surtout, il n'entendait jamais le chœur des petits oiseaux sans éprouver dans son âme une suave émotion qui l'élevait tout entière vers Dieu.

---

## HUITIÈME LEÇON.

Après les préliminaires d'usage, commença l'histoire du sixième et dernier jour de la création.

LE MAÎTRE.

Mon bon Emmanuel, voici le jour par excellence : Dieu fit, en ce seul jour, plus qu'il n'avait fait dans les cinq jours qui le précédèrent. Le ciel, la terre, les astres, les plantes, les poissons, les oiseaux, ce n'étaient là, pour ainsi dire, que des essais et des formules préparatoires. Vous le savez déjà, toutes ces choses, si belles et si prodigieuses, n'avaient d'autre destinée que celle de servir au bonheur de l'homme.

Il y a plus ; telles que nous les avons vues, Dieu les trouvait encore insuffisantes. Il semblait craindre, dans son adorable bonté, de ne point satisfaire tous nos désirs. C'est pourquoi, au moment de créer l'homme, il parla et il dit. Que la terre produise des animaux vivants de toute espèce, des animaux domestiques, des reptiles qui rampent sur la poussière, et des bêtes à quatre pieds de toute grandeur, ce qui fut fait.

Remarquez, mon enfant, que Dieu tire d'abord de la terre les animaux domestiques, c'est-à-dire les plus utiles à l'homme, les plus agréables, ceux qui peuvent vivre avec lui en société, et contribuer à son bien-être. Il savait que l'homme abuserait plus tard de sa liberté pour pécher, et qu'étant devenu pécheur, l'homme perdrait, avec sa félicité parfaite, une grande partie de ses autres avantages, c'est-à-dire que l'homme condamné au travail et à de lamentables misères, aurait souvent besoin de ces animaux pour aider sa faiblesse, et même pour le consoler. Aussi les a-t-il doués d'une taille et d'une vigueur qui contrastent singulièrement avec leurs doux instincts et leur docilité.

Considérez le cheval : un enfant le mène, et il obéit sans contrainte ; il accepte naturellement de ses mains le mors et les harnais; il se laisse attacher de même à la charrue; il est l'ami, l'inséparable compagnon de son maître, qu'il sert, qu'il aime, qu'il protége et défend jusqu'à la mort. Ecoutez les Livres saints : « Est-ce vous, dit-elle aux impies, est-ce vous qui donnez au cheval sa force?... Le souffle de ses narines répand la terreur; il frappe du pied la terre, il s'élance avec audace, il court au-devant des hommes armés; il se rit de la peur, et la vue de l'épée ne l'arrête point. Les flèches sifflent autour de lui, le fer des lances et des dards le frappe de ses éclairs; il écume, il frémit, il dévore la terre, il tressaille au bruit des trompettes. Lorsqu'on sonne la charge, il dit : Allons! Il sent de loin l'approche des armées, il entend la voix des capitaines. »

Considérez tous les animaux domestiques : celui-ci vous présente complaisamment ses mamelles gonflées de lait, lorsque, d'un seul mouvement de tête, il pourrait vous écraser à ses pieds ; celui-là surveille vos troupeaux avec une intelligence et une sagacité que lui envient les conducteurs des peuples ; tel autre foule le grain dans nos aires, porte nos fardeaux, et creuse en silence nos sillons. Que dirai-je de cette aimable bête qui a mérité d'être l'emblème de la fidélité ? Vous avez entendu raconter à son sujet de bien touchantes histoires. Je vous parlais dernièrement du chien de Montargis. Vous rencontrez quelquefois, en allant à l'église, quelque aveugle dont un chien caniche guide à travers les rues les pas chancelants : cette mélancolique placidité du pauvre animal, ce discernement parfait, cette profonde réserve, cet air suppliant et contristé, cet regards affectueux et compatissants qu'il reporte par intervalles sur son maître, ces doux tressaillements que lui cause une de ses caresses, rien ne vous a échappé. Le chien protége aussi nos habitations, il affronte tous les dangers pour nous sauver la vie ou nous garantir des moindres périls: il partage nos joies, il pleure avec nous, il meurt de chagrin sur la fosse de l'homme qu'il a aimé; il comprend nos plaisirs et seconde nos fantaisies. D'un côté, c'est le chien du mont Saint-Bernard, qui s'aventure au milieu des montagnes de neige et des avalanches, découvre les voyageurs abîmés dans les plus horribles précipices, et appelle les religieux à leur secours; de l'autre, c'est le chien de chasse, qui sait poursuivre le gibier, ou seulement l'épier et en signaler la trace, ou s'arrêter à temps lorsqu'il l'a mis en mouvement, pour laisser au chasseur le privilége et l'honneur de l'exécution. Ce bon ami nous chérit sans partage et sans réserve ; il lèche amoureusement la main qui le frappe. Non content d'obéir à la parole et aux signes de l'homme, il devine sa pensée, tant il sait lire dans ses yeux et même étudier ses habitudes. Je songe à faire un voyage : il en est sûr à l'avance ; au moment du départ, il prend les devants, comme s'il craignait d'être oublié ou d'y manquer par inadvertance. Que, par malheur pour lui, je lui défende de me suivre, il a mille moyens charmants de me supplier et de me séduire ; il se soumet lorsque j'insiste, regagne le logis en tournant vers moi un regard tout plein de tristesse et de tendre désir, et, comme on l'a dit, sa consolation alors est de s'affliger jusqu'au retour.

Il en est de ce sujet, mon cher Emmanuel, comme de beaucoup d'autres que j'ai dû traiter depuis le commencement de nos leçons, sur l'œuvre des six jours. Il faut les effleurer, et ne rien faire de plus, et toujours par les raisons que je vous ai déjà fait connaître. J'aurais tant de choses à vous dire de l'abeille et de son industrieux génie! Je la suivrais de fleur en fleur, lorsqu'elle butine durant l'été pour ses approvisionnements de l'hiver, puisant au fond de la corolle la matière que son estomac va changer en miel. J'entrerais avec elle dans sa ruche pour énumérer ces milliers de petites cases dont l'architecture est si savante et si simple, pour admirer ce gouvernement si bien organisé que son pareil n'existe pas parmi les hommes; car je n'y trouverais ni la paresse, ni la négligence, ni l'envie, ni l'avarice, ni l'égoïsme, ni tant d'autres mauvaises passions d'où naissent le désordre et la misère. Je passerais de l'abeille à la fourmi, aussi ingénieuse, aussi active qu'elle; je verrais ces fourmis se réunir pour creuser la terre, amonceler les déblais au dehors, charrier des brins d'herbe, de paille et de bois, beaucoup plus gros qu'elles, pour bâtir leur petite ville, disposer les demeures de telle sorte qu'elles communiquent les unes avec les autres, que la forme des dômes facilite l'écoulement des eaux, et qu'il y a des galeries ou des rues ouvertes pour la libre circulation des habitantes. J'assisterais à leurs batailles comme au spectacle de leurs mœurs et de leur civilisation. Ici, m'apparaîtrait la plus parfaite harmonie parmi les membres d'une même société, l'entente vraiment cordiale, la vertu civique, le patriotisme, un concours unanime et sincère vers le bien général; là, se rassembleraient diverses tribus sur un terre-plain qui sépare leurs habitations respectives, prenant l'attitude de l'hostilité, observant avec une exactitude inouïe les procédés stratégiques, ayant leurs théâtres d'opérations offensives et défensives, et leurs camps retranchés, et leurs corps de réserve, et les dix espèces d'ordre de bataille qui sont connus. « A la chute du jour, dit le savant M. Desdouits, chaque tribu fait sa retraite en bon ordre, et transporte ses blessés dans son camp; des prisonniers sont enlevés et incarcérés dans la fourmilière de leurs vainqueurs; ils sont condamnés à divers travaux, tels que le soin des œufs et la nourriture des larves[1]. Les blessés sont soignés de diverses façons, et les morts sont entourés, brossés, séchés, de telle sorte qu'on semble leur rendre les honneurs funèbres ou essayer de les rendre à la vie.» C'est un grand géomètre que cette araignée dont vous avez peur, mon ami; étudiez le miraculeux tissu de sa toile, et cette propriété singulière qu'elle possède de tirer d'elle-même les fils nécessaires à son travail. Dites s'il n'a pas fallu des combinaisons infinies pour en asseoir les bases fragiles au milieu de l'air. Je m'arrête, mon ami; je suis saisi encore

[1] On appelle ainsi l'insecte sortant de l'œuf.

une fois d'admiration devant la sagesse, la puissance et la bonté du Créateur; car enfin ce n'est pas le hasard qui a fait toutes ces merveilles, et adapté si exactement l'organisation des animaux à leurs besoins et à leurs habitudes. Il y a ici un calcul immense dont les animaux ne sont point capables; tant d'intelligence, tant d'art, tant de perfection révèlent l'intervention d'une intelligence et d'une volonté infinies, c'est-à-dire de Dieu. Dans les gros livres dont nous parlions au début de ces leçons, de prétendus docteurs ont cependant soutenu que Dieu n'a point de part à ces phénomènes, et qu'en effet ce ne sont là que des résultats du hasard. Vous pensez, cher Emmanuel, que le mot hasard ne signifie rien; vous vous étonnez de la folie de ces savants qui trouvent plus naturel d'admettre la toute-puissance et la bonté dans un je ne sais quoi chimérique dont l'existence même ne se conçoit pas, que dans un Etre éternel, infini, souverainement intelligent et bon; vous les prenez en pitié, ces orgueilleux fous, et vous n'avez pas tort.

EMMANUEL.

Comme vous l'avez dit, Monsieur, ces explications m'intéressent tant, que l'idée ne m'est pas même venue de vous interrompre une seule fois pour avoir quelques éclaircissements. Vous traitiez tout à l'heure la question des animaux domestiques; évidemment, leur création fut un grand bienfait que la plus noire ingratitude pourrait seule méconnaître. Si les fourmis, les araignées et plusieurs autres animaux ne nous présentent pas une très-grande utilité, au moins n'ont-elles pas non plus la cruelle faculté de nous nuire? Mais il y a aussi des animaux féroces qui ravagent les biens de l'homme et le dévorent lui-même de temps en temps. Je ne comprends guère comment le bon Dieu, qui préparait tout pour l'avantage de l'homme, a pu les créer.

LE MAÎTRE.

Sans doute, mon enfant; le mal, ici-bas, se trouve quelquefois placé à côté du bien, et les animaux féroces n'en sont pas le seul exemple. Le feu, qui nous éclaire et nous réchauffe, nous brûle aussi; l'eau des fleuves, qui fertilise nos campagnes, les inonde et les dévaste à certaines époques; l'oiseau dépeuple nos greniers. A quoi bon les mouches, les guêpes, les crapauds, et ces hideuses punaises qui torturent notre sommeil? Et l'homme même, avec cette sublime organisation qui va faire bientôt l'objet de nos entretiens, à combien de misères et d'infirmités n'est-il pas sujet?

Mon enfant, je ne saurais assez vous le répéter, l'homme est bien petit et sa vue bien bornée pour approfondir les secrets de Dieu. Qui sait si la création de ces choses, si nuisibles selon les apparences, n'avait pas un but de perfection et d'utilité dont l'appréciation nous échappe, mais dont nous profitons aussi sans nous en douter? Je vais plus loin; et je trouve que dans la supposition où l'ouvrage de la création présenterait, à notre sens, des objets dangereux et nuisibles, nous n'aurions pas droit, pour cela, d'en contester la parfaite harmonie. N'oublions pas que l'homme allait pécher, c'est un grand point, et qu'à cause du péché les misères et la mort devenaient son partage. Avant la désobéissance du Paradis terrestre, les éléments et les plantes n'offraient point le mélange qui vous étonne aujourd'hui, et les animaux non plus. Toutes les choses étaient bonnes et salutaires pour la créature privilégiée : le tigre folâtrait autour d'elle et lui léchait les pieds comme un petit chien; l'upas et le mancenillier n'étaient pas plus vénéneux que l'innocente laitue. Mais l'homme, frappé par la malédiction divine, et devant porter la peine de son iniquité, une épouvantable révolution se fit sur la terre ; il lui fut dit qu'il irait par le chemin des douleurs à une mort certaine. Les lois de la nature changèrent aussi, et avec elles les lois générales des êtres. De quoi se plaint-il ? Cette main toute-puissante qui pouvait, en proportionnant la peine à l'offense, armer toute la création contre lui, l'exiler entièrement de l'univers, et porter son malheur jusqu'à des limites voisines de l'infini, la main de Dieu s'est arrêtée pour le bénir encore, et lui laisser, à côté du mal, une somme de bien toujours supérieure.

Qu'ai-je dit, mon enfant ? Le mal n'entre jamais dans les desseins de la suprême sagesse. Si faible que puisse être sa pénétration, lorsqu'il s'agit surtout de ces mystérieux phénomènes, l'homme découvre encore ici l'action d'une Providence et d'une Justice adorables. Abandonnant l'arbre aux violentes secousses de la tempête, Dieu lui donna, pour résister à de terribles ébranlements, ces racines profondes et compliquées dont il embrasse le sol au-dessous de sa base. Il y a dans les plantes les plus vénéneuses une vertu de guérir que souvent ne possèdent pas les herbes saines. L'ouragan, qui ravage nos moissons, dissipe en même temps les vapeurs méphitiques dont le poids vicie l'atmosphère, et les fleuves, en se débordant, fécondent communément la terre qu'ils semblent dévaster. Nous protégeons, avec la peau du lion et celle du tigre, nos membres saisis par le froid de l'hiver. Et puis, mon enfant, cette respectueuse terreur que nous inspirent les animaux féroces n'est-elle pas mêlée d'un invincible sentiment d'admiration qui fait qu'en définitive nous ne les verrions pas sans quelque déplaisir manquer à l'ensemble de la création? Quand nous visitâmes dernièrement la ménagerie du célèbre Van-Amburg, vous saviez bien quel spectacle devait s'offrir à vos yeux, et il me souvient pourtant des instantes prières que vous m'avez adressées pour l'obtenir. Il y avait là beaucoup de monde; vous avez remarqué l'enthousiasme général. On disait autour de vous : Comme c'est beau! Et vous-même, malgré l'émotion sensible qui se manifestait sur votre physionomie, vous me disiez aussi en sortant : Comme c'est terrible, mais comme c'est beau! Eh bien! croyez-vous donc, Emmanuel, qu'il soit indigne de Dieu d'avoir créé ce qui est beau, alors même que cette beauté nous incommode à certains égards?

Les animaux féroces ne nuisent à l'homme que par hasard, même depuis la faute originelle dont nous allons tracer l'histoire. Ils s'enfuient à son approche; leur habitation commune est là où l'homme n'est pas, dans le désert ou dans des forêts impénétrables. Si la faim les pousse, ils choisissent, pour sortir de leurs tanières, les heures solitaires et tranquilles où l'homme goûte son repos bien assuré. Plus nous avançons dans la possession de la terre, plus ils reculent; plus nous nous multiplions, plus ils deviennent rares. Ils se familiarisent quelquefois avec nous, comme vous le prouvent les aventures d'Androclès et les ménageries en question; ils sont susceptibles d'impulsions nobles que souvent l'homme néglige, comme le lion de Florence; et lorsque Silvio Pellico, dans les horreurs d'une prison dure, faisait d'une araignée sa consolation et sa société, le fameux Pélisson avait apprivoisé déjà une araignée au son d'une musette, et trouvé en elle une fidèle compagne, tellement que le gouverneur de la Bastille l'ayant écrasée, il s'écria : « J'aurais mieux aimé, Monsieur, que vous m'eussiez cassé le bras. »

Il n'y a pas un seul de ces animaux qui ne présente des merveilles sans nombre dans la variété et la délicatesse de ses organes, pas même les reptiles, le ver de terre, le limaçon.

la chenille qui, rapprochant et ridant, par un indéfinissable effet de mécanisme, les souples anneaux dont ils sont composés de la queue à la tête, suppléent de cette manière à l'agilité des pieds qui leur manquent, et s'élancent lestement d'un lieu vers un autre lieu pour éviter le péril ou chercher un asile plus commode. Ils ont aussi leur magnificence, les animaux terribles comme ceux dont l'utilité ne nous est pas bien connue. Cette petite puce parasite, dont la piqûre vous déconcerte parfois, et dont les bonds rapides et capricieux dépistent vos doigts irrités, quand vous pensez, mon ami, qu'elle a des yeux perçants, un cœur chaleureux où s'alimente l'économie du sang, un estomac, des entrailles, tout un système nerveux, cet ouvrage de Dieu vous paraît d'autant plus admirable qu'il renferme d'immenses combinaisons dans un sujet presque imperceptible. Si je prenais mon microscope pour considérer avec vous une tête de mouche, vous verriez un superbe panache de mille et mille couleurs, des diamants et de l'or à profusion. Mais c'est assez : la leçon a duré plus que de coutume. Arrivons à la création de l'homme, qui sera le sujet de notre prochaine conférence.

Nous finirons, mon ami, en répétant les paroles des saints Livres : « Seigneur, disent-ils, vous avez marqué un temps aux ténèbres, et la nuit a été faite. Durant la nuit, toutes les bêtes sauvages se répandent sur la terre ; les lions rugissent en demandant la proie que vous leur destinez. Le soleil se lève, et alors elles se retirent et se couchent dans leurs retraites, et l'homme peut sortir pour aller à son travail jusqu'au soir. Que vos œuvres sont grandes, Seigneur ! Vous avez fait toutes choses avec une souveraine sagesse ; l'univers est rempli de vos biens. Bénissez le Seigneur, ô mon âme ! Seigneur, mon Dieu ! vous m'avez fait paraître votre grandeur d'une manière bien éclatante : vous êtes tout environné de majesté et de gloire ; vous qui avez tendu le ciel au-dessus de nos têtes comme une tente, vous qui couvrez d'eaux sa partie la plus élevée, qui avez fondé la terre sur une base inébranlable, et prescrivez à la mer des bornes qu'elle ne passera pas, vous qui conduisez les fontaines dans les vallées et sur leurs bords fleuris les bêtes des champs et les oiseaux du ciel. La terre sera rassasiée des fruits qui sont vos ouvrages Vous produisez le foin pour les animaux, vous faites sortir de la terre le pain de l'homme et le vin qui lui réjouit le cœur ; vous avez planté les arbustes comme les cèdres du Liban ; vous avez marqué les temps de la lune, et docile à votre voix, le soleil sait où il doit se lever et se coucher. Dans cette vaste mer circule et se croise une multitude infinie de poissons, autant de chefs-d'œuvres de vos mains, depuis le hareng jusqu'à la baleine. Que la gloire du Seigneur soit célébrée dans tous les siècles. Tout ce qu'il a fait est bon. Car vous aimez tout ce qui est, Seigneur, et vous ne haïssez rien de ce que vous avez fait; si vous l'aviez haï, vous ne l'auriez point créé. Qu'y a-t-il qui pût subsister, si vous ne le vouliez pas, ou qui pût se conserver sans votre ordre? O Seigneur, que votre esprit est bon et qu'il est doux dans toute sa conduite! Les hommes qui n'ont point la connaissance de Dieu ne sont que des insensés. Ils n'ont pu comprendre par les biens visibles son souverain être; ils n'ont point reconnu le Créateur par la considération de ses ouvrages; mais ils se sont imaginé que le feu, ou le vent, ou l'air le plus subtil, ou la multitude des étoiles, ou l'abîme des eaux, ou le soleil et la lune étaient les dieux qui gouvernaient le monde. S'ils les ont crus des dieux parce qu'ils étaient charmés de leur beauté, qu'ils conçoivent de là combien Celui qui en est le dominateur doit être encore plus beau ; s'ils ont admiré le pouvoir et les effets de ces créatures, qu'ils comprennent de là combien est encore plus puissant celui qui les a créées. Ils ne méritent point de pardon, car s'ils ont pu avoir assez de lumière pour connaître l'ordre du monde, comment n'ont-ils pas découvert qui en est le créateur et le dominateur ? »

Comme nous l'avons remarqué plusieurs fois, Emmanuel, durant ces derniers entretiens, gardait presque perpétuellement un silence discret. La plupart des choses que lui disait son maître, ce bon petit élève ne s'en était pas encore douté. Il n'avait donc à faire aucune observation ; il se contentait d'écouter avec la plus religieuse attention, et bien que les leçons fussent un peu étendues au delà des limites ordinaires, il les trouvait toujours trop courtes. Les explications dont il s'agit concernant les phénomènes de la création, la nature et la propriété des plantes, le caractère et l'organisme des animaux, le mouvement harmonieux des planètes, la formation des nuages et l'économie tout entière du firmament, Emmanuel, il faut l'avouer, n'était pas capable, à son âge, de les approfondir; mais étant exposées avec précision et simplicité, nous pensons qu'elles suffisaient pour lui donner une teinture fort précieuse des connaissances qu'il pouvait acquérir et perfectionner plus tard. Ce qui nous confirme dans cette idée, c'est l'intérêt toujours vif et toujours croissant qu'il prit aux entretiens du vendredi. « Je sais bien, disait-il à son maître, que je ne sais pas grand'-chose; mais il me semble que, depuis quelques semaines, je ne vis plus tout à fait comme un étranger au milieu des ouvrages de Dieu. » Si restreintes qu'elles fussent, ces explications excitaient sa curiosité et le mettaient à même d'en demander de plus détaillées, lorsque l'occasion s'en présentait. Le maître, sans doute, avait omis une foule de détails dans l'exposé des merveilles de l'univers, parce qu'il ne voulait pas fatiguer l'attention d'Emmanuel et surcharger péniblement sa mémoire. Il résultait de là que l'enfant n'apercevait jamais un objet inconnu sans adresser au maître des questions qu'auparavant il n'aurait pas faites.

Nous avons dit qu'au commencement de chaque leçon Emmanuel récapitulait la leçon précédente. Alors, le maître profitait d'une erreur ou d'un manque de mémoire pour suppléer à quelques omissions volontaires et fournir à son élève des développements utiles.

La dernière leçon fut heureusement résumée, quoique un peu plus compliquée que les autres. Suivant le conseil de sa mère, Emmanuel avait pris des notes sur son cahier au sortir de l'entretien, et cette précaution facilitait naturellement la tâche.

Or, parmi les diverses notions que lui avait données son maître, une allusion historique s'était glissée, comme au hasard, laquelle concernait l'araignée de Pélisson. Le trait du lion de Florence, il l'avait lu dans la *Morale en action*, et s'en souvenait bien; mais il ignorait l'autre, et voici les éclaircissements qu'il obtint. Paul Fontanier Pélisson vivait au dix-septième siècle. C'était un homme fort laid, mais d'un caractère admirable, si bien qu'une femme de beaucoup d'esprit, nommée Mme de Sévigné, disait de lui : « Si on le trouve si laid, qu'on le dédouble, et on lui verra une belle âme. » Il devint premier commis et confident du surintendant Fouquet, lequel ayant été disgracié et mis à la Bastille entraîna son premier commis dans sa disgrâce. Au fond de la Bastille, privé même des consolations que donne l'étude, Pélisson se vit réduit à la société d'un basque stupide qui ne savait que jouer de sa musette; il en profita. Une araignée faisait sa toile à un soupirail; il entreprit de l'apprivoiser, et pour cela il mettait des mouches sur le bord du soupirail, tandis que son basque jouait de la musette. Peu à peu, l'araignée prit l'habitude de sortir de sa retraite au son de l'instrument pour courir sur les mouches. En éloignant la proie de plus en plus, il parvint, au bout de quelques mois, à discipliner si bien cette araignée qu'elle vint jusque sur ses genoux. Un jour, le gouverneur de la Bastille le visita et lui demanda moqueusement à quoi il s'occupait : « J'ai su me faire un amusement, » dit Pélisson, et donnant aussitôt un signal, il fit venir l'araignée sur sa main. C'est alors que le gouverneur écrasa la pauvre bête.

Mais, continua le maître, il est temps d'aborder notre sujet.

Dieu dit : « Faisons l'homme à notre image et à notre ressemblance, et qu'il commande aux poissons de la mer, aux oiseaux du ciel, aux bêtes, à toute la terre et à tous les reptiles. » Le Seigneur forma donc l'homme du limon de la terre. Il était naturel, dit un Père de l'Eglise, que le roi de la création ne fût proclamé qu'après que son empire aurait été formé.

EMMANUEL.

Pour faire les autres créatures, Dieu n'avait pas parlé ainsi. Dieu leur commandait de naître, et elles naissaient. Il semble ici avoir besoin de préparatifs. Il se consulte lui même : *Faisons l'homme;* et c'est seulement après cette réflexion qu'il va le créer.

LE MAITRE.

En effet, mon ami, Dieu n'a pas créé l'homme de la même manière qu'il a créé tous les êtres inanimés et les autres animaux. Cette observation de votre part me fait plaisir; elle marque l'attention que vous donnez à mes paroles et le profit que vous en tirez. Je vous l'ai dit, toutes choses ont été créées en vue de l'homme, et l'homme a été créé pour jouir de ces choses. Ce n'est pas en vain qu'on l'appelle le roi de la création. Et remarquez l'expression que Dieu daigne employer : *Faisons* l'homme à notre image. Jusqu'alors les êtres qui remplissaient la terre et le ciel peuvent exciter notre admiration; mais qu'y a-t-il chez eux qui les rapproche de leur Créateur? ils forment des jeux étonnants de mécanisme, et leur nature nous frappe en ce qu'elle a de prodigieusement combiné pour la carrière qu'ils ont à remplir, mais ce ne sont en effet que des machines disposées à l'usage d'un être supérieur qui les exploitera, si j'ose ainsi parler. Cela n'a point de connaissances, d'amour, de capacité de raisonner, de juger, de goûter avec plénitude les bienfaits et de pressentir le vrai bonheur; cela n'a point d'âme, et est doué tout au plus de je ne sais quelle intelligence brute que nous appelons instinct, c'est-à-dire de l'activité nécessaire pour fonctionner selon ses besoins. L'homme seul, l'homme inspire au Créateur assez de complaisance pour obtenir cette glorieuse exception : *Faisons l'homme*, faisons-le *à notre image.* Oh! mon ami, songeons bien que nous sommes faits à l'image de Dieu, et quelle horrible ingratitude ce serait à nous d'abuser d'un tel privilége pour dénaturer par nos coupables écarts cette sainte et pure image! Dieu ne s'en tient pas là; il craint en quelque sorte de n'avoir pas assez fait; c'est de son chef-d'œuvre qu'il s'agit, et Dieu revient sur cette parole magnifique : *Faisons l'homme à notre image*, dit-il, *et à notre ressemblance.* On croirait qu'il lui fallait ainsi s'expliquer à deux fois et répéter en d'autres termes la même chose, pour être sûr qu'il exprimait bien toute sa pensée. Reprenons encore : Dieu dit : *Faisons l'homme.* A qui s'adresse-t-il, puisque ce mot signifie qu'il s'adresse à plusieurs personnes, et qu'il ne se dirait pas à lui-même, à lui tout seul : *Faisons?* Le Père convoque le Fils et le Saint-Esprit ; les trois Personnes divines se rassemblent, comme s'il n'en fallait pas moins pour concourir à la création de cet ouvrage nouveau, et comme ces trois personnes sont une seule nature et ne font qu'un Dieu dans la Trinité, la *Genèse* ajoute : « Dieu créa donc l'homme a son image et àsa ressemblance. »

Nous assistons, mon ami, au plus sublime des spectacles qui puissent se passer ici-bas, en exceptant toutefois la venue de Jésus-Christ. Le Créateur prend un peu de terre, et forme ce corps d'une si prodigieuse structure. Adorable statuaire, on devinerait, à la disposition de ses dessins, à l'étonnante précision de ses moulures et de tout l'ensemble, qu'il prépare le tabernacle d'un être intelligent et presque divin. Voyez cette tête droite et majestueuse, cette charpente solide et flexible en même temps, ces mains et ces doigts dont le jeu puissant se trouve naturellement servi par l'extrême mobilité des bras. Il n'est revêtu, comme on l'a dit depuis longtemps, ni de poils ni de plumes, parce qu'en lui doit vivre quelque chose qui lui indiquera le moyen de se couvrir. Il n'est armé ni de griffes ni d'horribles dents, parce qu'il apprendra d'un maître intérieur à forger les armes nécessaires pour garantir son salut, et à s'en servir. Ses pieds paraissent frêles, mais peuvent supporter et conduire sans peine le buste délicat qui les domine. Que le siége de l'hôte qu'il attend soit le cerveau, on l'ignore, et peu importe; cet important organe est une condition tout à fait essentielle d'existence, il se trouve protégé à point par les cheveux qui le couronnent et l'ombragent. Sous les pieds, la peau est dure et cornée, à cause du ministère qu'ils sont appelés à remplir comme supports de tous les membres. Les mains sont flexibles, la peau qui les recouvre est fine et tendre; pourquoi? parce que l'homme, en certaines circonstances, devra s'assurer par elles de la nature et de la propriété des objets, et qu'elles suppléeront alors à l'impuissance des yeux; parce qu'il y aura nécessité de les allonger ou de les rétrécir, selon la forme et l'étendue des divers objets qu'il voudra saisir ou toucher. Ainsi est-il, mon enfant, de toute l'économie du corps de l'homme, et vous n'attendez pas que je vous révèle en cela les soins providentiels et la magnificence du bon Dieu.

Il y aurait encore ici bien des choses à vous dire, que cependant je suis obligé de passer sous silence, à mon grand regret. Vous étudierez à un âge plus avancé, nous étudierons ensemble, peut-être, et proportionnellement à nos forces, l'anatomie intérieure de cette créature; comment s'opèrent ses fonctions, quel est le travail des aliments broyés par la mâchoire, et comment, de l'estomac qui les digère, ils se répandent dans les veines pour y former de petits ruisseaux de sang; par quel effet mystérieux il arrive que la poitrine se dilate involontairement pour absorber une certaine quantité d'air, et, fatiguée aussitôt par les vapeurs malfaisantes que produit une combinaison instantanée de l'air avec les éléments du sang, les repousse et les rejette, et renouvelle perpétuellement ce flux et reflux nécessaire à l'épuration de la masse. Je vous décrirai les diverses propriétés des sens, qui sont la vue, l'ouïe, le toucher, le goût et l'odorat. Vous aurez le bonheur de reconnaître partout, d'une manière encore plus excellente, le cachet de l'Intelligence des intelligences.

Parlons de la création de l'âme : Dieu répandit sur le visage un souffle de vie : ainsi s'exprime la Genèse; il y aura donc dans l'homme quelque chose de divin, puisqu'il y a le souffle de Dieu. Dieu unit, sans les confondre, l'esprit à la matière ; il place l'âme dans le corps, en lui donnant toutes sortes d'empires sur celui-ci, et si intimement, qu'à moins de réflexion il serait aisé de n'y voir qu'un mélange. Il ne faut voir ici qu'une chose : c'est l'étonnante prévoyance avec laquelle Dieu a mis le corps au service de l'âme : le corps exprime toutes les pensées de l'âme, toutes ses affections, toue ses mouvements ; il partage et il exprime ses joies et ses douleurs. On a voulu conclure de ces étroits rapports, mon ami, que l'âme n'était point distincte du corps, et que Dieu, en soufflant sur le corps, l'avait doué de la faculté de penser. Une seule observation suffit pour détruire cette folle doctrine ; c'est que souvent l'œil reçoit, par exemple, l'impression extérieure d'un objet, sans que nous apercevions cet objet, faute d'attention. D'où vient cela? sinon de ce que notre âme, un instant distraite du corps, le laisse seul, et qu'étant seul il n'a pas la puissance de réfléchir pour apercevoir. Je n'entends rien ôter au corps de ses grandes prérogatives : comme ministre fidèle de l'âme, il aura célébré la gloire du Créateur, avec elle il jouira sur la terre des biens qui sont faits pour l'homme, et dans le ciel d'une gloire impérissable, si, par suite des mêmes rapports, il ne partage pas avec elle des supplices éternels.

EMMANUEL.

Je ne comprends pas, Monsieur, comment l'homme peut être créé à la ressemblance de Dieu, puisque Dieu n'a point de corps.

LE MAÎTRE.

Eh bien! arrêtons-nous particulièrement à ces miraculeuses paroles : ce n'est pas dans la figure extérieure qu'il faut chercher la ressemblance, bien qu'on puisse dire, à quelques égards, que la majesté du corps de l'homme, et surtout celle qu'il avait primitivement fût très-capable d'élever la pensée jusqu'à la contemplation de celle de Dieu.

Il s'agit seulement de considérer nôtre âme.

Qu'est-ce que Dieu? Un être spirituel, simple, unique, qui pense, qui sent, qui désire, un être immuable. Ce sont aussi, dans un degré inférieur, les caractères de l'âme, que nulle créature ne partage avec elle.

Qu'est-ce que Dieu? Un être libre, infini. L'âme est libre aussi; elle a une faculté absolue de tout choisir et de tout laisser. Aucun obstacle réel ne saurait l'arrêter : donnez-lui ce qu'elle désire, elle désirera encore, elle désirera toujours; ses désirs s'étendront jusqu'à l'infini.

Dieu aime le bien qui est lui-même; l'homme aussi l'aime, et les tourments que lui fait subir une conscience coupable, prouvent encore cet amour naturel du bien; il aspire incessamment au bonheur, c'est-à-dire à s'unir avec Dieu.

Voilà, je crois, mon ami, des traits assez frappants de ressemblance. De plus, l'âme est formée de volonté, d'intelligence et d'amour, de telle sorte que ces attributs, essentiellement distincts, ne sont cependant qu'une seule nature. Ne serait-ce pas une image de ces trois personnes divines, dont la première s'appelle le Père, ou l'intelligence; la seconde, le Fils, ou la volonté; et la troisième, le Saint-Esprit, ou l'amour, et qui cependant ne sont qu'une seule et même Nature ou Divinité? En cette supposition, l'homme figurerait la sainte Trinité, et ainsi Dieu l'aurait excellemment créé à son image.

EMMANUEL.

J'ai bien peur, Monsieur, de ne pas retenir toutes ces belles choses-là; je crois pourtant les comprendre...

LE MAÎTRE.

Vous avez raison, mon ami, cette leçon est plus difficile que les autres; nous l'abrégerons. Vous aurez à réfléchir beaucoup pour prendre vos notes ; je vous aiderai. Il est impossible de rien apprendre sans se donner quelque peine. L'importance des sujets que nous traitons ensemble doit exciter vos efforts, et s'ils présentent par intervalles une certaine aridité, vous y trouverez aussi, en compensation, une foule de détails curieux et récréatifs. Je vous l'ai déjà dit : pour cueillir une jolie rose, on est souvent exposé aux piqûres des épines qui l'avoisinent ; on la cueille pourtant. L'instruction religieuse est cette rose, dont les abords produisent plus d'une aspérité : vous n'hésiterez pas, vous la cueillerez aussi.

---

## NEUVIÈME LEÇON.

LE MAÎTRE.

Forcé d'interrompre la dernière leçon, je n'ai pu, mon ami, vous peindre tous les priviléges dont l'homme naissant fut enrichi. Aujourd'hui même il faut se restreindre, et livrer seulement à votre sagacité ces paroles de Dieu : « Que l'homme commande aux « poissons de la mer, aux oiseaux du ciel, « aux bêtes, à toute la terre. »

Dieu plaça l'homme dans le Paradis terrestre : « Vous voyez, lui dit-il, tous ces ar- « bres dont je vous donne la jouissance, « nourrissez-vous de leurs fruits ; je n'en ex- « cepte qu'un, l'arbre de la science du bien « et du mal. Je vous en interdis l'usage ; si « vous osez y toucher, vous deviendrez sujet

« à la mort. » Comme si Dieu avait dit : Voici des arbres de toute nature, et dont l'inépuisable fécondité peut satisfaire tous vos désirs et au delà. Il y a parmi eux un arbre dont le fruit ne vous est pas nécessaire ni même utile, je vous défends d'y toucher. Douce et paternelle défense qu'il est bien aisé de subir, mais elle me suffira pour éprouver votre soumission. Plus il aura été facile d'obéir, plus aussi j'aurai lieu de punir sévèrement la désobéissance. Prenez garde. Ainsi, je vous en avertis, si vous osez toucher à cet arbre, vous perdrez tous vos privilèges, vous serez dégradé, vous connaîtrez la souffrance et la mort, et vous transmettrez à vos descendants ma malédiction avec votre péché...

En effet, le premier homme devait être le père de cette nombreuse postérité qui couvrit la terre, depuis le commencement jusqu'à nous. Dieu lui destinait une épouse, et il la lui donna. « L'homme est fait pour la société,

« dit le Seigneur, et ce n'est pas mon des-
« sein de le laisser plus longtemps seul. Don-
« nons-lui une compagne semblable à lui,
« qui fasse l'agrément et la douceur de son
« existence. » Et alors, chose qui vous surprendra peut-être, il conduisit auprès de lui tous les animaux de la terre et les oiseaux du ciel, qui étaient dans le Paradis terrestre, lui commandant de donner à chacun d'eux le nom qui s'est conservé dans la suite[1]. Cela fait, le premier homme s'endormit d'un sommeil profond, et Dieu lui enleva sans violence une de ses côtes; de cette côte, il forma un corps auquel il donna une âme; et la première femme fut ainsi créée avec les mêmes priviléges que le premier homme.

Le premier homme s'appelait Adam, qui signifie homme par excellence, et la première femme Eve, d'un mot qui veut dire pleine de vie, nom qu'elle reçut du premier homme

[1] Jusqu'à l'époque où Moïse écrivait.

après la malédiction de Dieu. Vous saviez cela. Il leur restait à goûter dans une éternelle vie les délices dont ils se voyaient entourés, et à rendre participants de leur bonheur sans mélange les enfants qui leur étaient promis. Adam fit connaître à Eve la défense de Dieu, et les châtiments qui menaçaient la désobéissance. Il est à croire qu'elle en ressentit une émotion vive, et qu'elle promit bien de ne point s'oublier. Malheureusement elle ne tint pas sa promesse.

Comme elle se promenait dans le Paradis terrestre, en admirant toutes ses beautés et toutes ses richesses, un arbre vint à frapper sa vue ; c'était l'arbre de la science du bien et du mal. Se rappelant alors la défense de Dieu, elle se prit à le considérer avec d'autant plus d'intérêt et de curiosité ; elle s'en approcha, et vit un serpent qui se tenait mollement enlacé autour du tronc. Habituée à rencontrer des animaux qui semblaient s'incliner de respect en sa présence, et lui demander l'honneur de la servir, elle n'eut aucune défiance. Or, le serpent lui parla.

EMMANUEL.

Un serpent qui parle? Mais, Monsieur, c'est impossible.

LE MAÎTRE.

D'abord, mon enfant, tout est possible à Dieu, et, s'il le voulait, Dieu pourrait faire parler comme vous le canif que vous tenez à la main. On peut donner une autre explication, tout en maintenant la puissante permission de Dieu en cette circonstance. Le démon, à qui Dieu, comme je vous l'ai dit, laisse la faculté de tenter l'homme, jugea le moment opportun pour commencer son rôle exécrable. Le serpent, qui naturellement est rusé, souple et adroit, il l'anima de son esprit et fit mouvoir ses organes. C'est lui, sous cette figure, qui osa s'adresser à la femme, dont il connaissait le naturel curieux et crédule.

— Pourquoi Dieu, lui dit-il, vous a-t-il commandé de ne pas manger du fruit de tous les arbres qui sont dans le Paradis?

—Tous ces fruits, répondit-elle, Dieu nous les abandonne; un seul nous est défendu, sous peine d'être sujets à la mort.

—Non, reprit le serpent, vous ne mourrez point; vous avez tort de vous effrayer. Dieu sait, au contraire, que le jour où vous mangerez de ce fruit, vos yeux s'ouvriront, vous serez comme des dieux, connaissant le bien et le mal.

EMMANUEL.

Mon Dieu! mon Dieu! Monsieur, ils vont en manger!

LE MAÎTRE.

Hélas!...

EMMANUEL.

Comment donc ne s'enfuyait-elle pas, la pauvre Eve, en entendant parler un serpent? J'aurais eu bien peur, moi.

LE MAÎTRE.

Mon enfant, rien ne lui prouvait qu'un serpent fût incapable de parler. Elle pouvait ne pas savoir à quoi s'en tenir là-dessus, et penser tout simplement qu'il se passait là une chose naturelle dont elle ne s'était pas encore aperçue. Rappelez-vous qu'elle vivait depuis peu, et qu'en ces époques primitives, surtout, il n'y avait pas moyen de connaître toutes les propriétés des animaux ; et même à l'heure qu'il est, après une expérience de six mille ans, celui-là mériterait le nom de fou, qui prétendrait les connaître parfaitement. Ceux qui entendent parler des castors pour la première fois, sont tentés de prendre pour des fables ce que l'on en raconte.

EMMANUEL.

Mais se laisser conduire au mal par un serpent !

LE MAÎTRE.

Sans doute, mon ami, un tel animal n'était guère séduisant de sa nature; et alors même que le démon lui prêtait les appâts mensongers de son éloquence, il semble incroyable que la femme ait quitté Dieu pour le suivre. Eh! mon enfant, n'est-ce pas l'inconséquence criminelle où nous tombons chaque jour? Quand nous offensons Dieu, qui nous engage à négliger ses préceptes, si ce n'est ce même démon? Quelque misérable qu'il fût, ce tentateur d'Eve se présentait du moins sous une forme visible; elle entendait la voix qui la corrompait. Nous écoutons, nous, un tentateur que nous ne voyons pas même, et une voix que nous n'entendons pas. Nous sommes plus insensés et plus coupables qu'elle; et certes, mon cher Emmanuel, nous avons bien mauvaise grâce à nous étonner de sa faiblesse.

Il faut vous dire, de plus, que le démon, tout en agissant contre Eve par le moyen du serpent, s'insinuait aussi dans son cœur, et la préparait par mille suggestions ténébreuses à la séduction. De cette sorte, elle secondait d'elle-même les efforts perfides de son ennemi ; elle s'aveuglait complaisamment sur la qualité de celui-ci, l'invraisemblance choquante de ses prédictions et son évidente fourberie ; elle succomba, parce qu'elle ne demandait pas mieux que de succomber.

Ainsi Dieu affirmait d'un côté, le serpent niait de l'autre, que le résultat de la désobéissance dût être la mort. Il s'agissait de choisir entre ces deux autorités. Eve se prononce pour le serpent. Elle porta la main sur le fruit défendu, elle en mangea, et courut à Adam, qui, pressé par ses prières et sans doute aussi par les suggestions intérieures du démon, fit comme elle.

Aussitôt la nature fut bouleversée. Nos premiers parents perdirent leurs magnifiques priviléges. Jusqu'à ce moment, ils étaient demeurés nus, et leur nudité ne les faisait point rougir, ils n'y songeaient pas même. Leurs yeux s'ouvrirent alors; la honte s'empara d'eux; ils avaient hâte de se couvrir, ils se formèrent des ceintures avec des feuilles de figuier.

Or, un bruit fut entendu dans le jardin, comme le bruit d'une personne qui marche. Ils prêtèrent l'oreille : c'était un ministre de Dieu, un ange chargé de ses vengeances, qui avait pris une forme humaine, comme le firent plus tard les archanges Gabriel et Raphaël. La Genèse dit que c'était le Seigneur Dieu, parce que l'ange était en effet le représentant du Seigneur Dieu qui parlait par sa bouche. Adam et Eve se cachèrent. Il appela Adam :

— Où êtes-vous?

— Seigneur, j'ai entendu votre voix dans le jardin, et j'ai eu peur, parce que j'étais nu.

— Et d'où avez-vous su que vous étiez nu? Si vous n'aviez pas mangé du fruit défendu, vous ne le sauriez pas.

— Seigneur, la femme que vous m'avez donnée pour compagne m'a présenté le fruit, et, pour lui plaire, j'en ai mangé.

Le Seigneur Dieu dit à la femme :

— Pourquoi avez-vous fait cela?

— Le serpent m'a trompée.

Vous sentez bien, mon ami, la frivolité de ces excuses. Nos pauvres parents se comportaient, en vérité, comme des écoliers sans cervelle : c'était à qui rejetterait la faute sur son voisin. Ne savaient-ils donc pas que Dieu voit tout et qu'on ne saurait le tromper, ni apaiser les réclamations de la conscience avec des paroles mensongères ou ambiguës?

Le Seigneur Dieu dit au serpent : Puisque tu as fait cela, tu seras maudit entre tous les animaux; tu ramperas sur le ventre, et la terre te servira de nourriture tous les jours de ta vie. Je mets une inimitié entre toi et la femme, entre tes petits et ses enfants; elle t'écrasera la tête, et tu tâcheras de lui mordre le talon.

EMMANUEL.

Est-ce que le serpent ne rampait pas sur le ventre avant la malédiction? Comment marchait-il donc?

LE MAÎTRE.

Il y en avait, mon enfant, qui rampaient sur le ventre; il y en avait qui se transportaient, par un autre moyen, d'un lieu dans un autre. Nous voyons encore des serpents ailés; qui sait si celui que Dieu maudit alors n'était pas de cette espèce? Et puis notez bien la réflexion suivante : Moïse, qui a écrit la Genèse sous l'inspiration céleste, a fait preuve, ce me semble, d'une justesse d'idées et d'une élévation d'esprit très-suffisantes pour qu'on l'estime incapable de raconter des absurdités dont les faiseurs de contes ne s'accommoderaient pas. Alors même que certaines parties de son récit nous sembleraient choquantes, la raison veut que nous inclinions nos faibles esprits devant une autorité si haute. Nous n'avons pas le droit de restreindre l'intelligence de Dieu aux limites de la nôtre.

EMMANUEL.

Le serpent devenait, par suite de la malédiction, un animal plus dangereux que jamais; comment la femme a-t-elle osé s'approcher de lui et lui écraser la tête? Cela court bien vite, un serpent, et cela ne se laisse pas facilement saisir.

LE MAÎTRE.

Ici, mon enfant, Dieu parlait d'une manière figurée; il s'adressait au démon qui anima le serpent, il prophétisait l'Incarnation de Jésus-Christ. Voici le sens de sa parole : Tu as poussé la femme au péché, tu es cause en grande partie des maux horribles qui l'affligeront avec sa postérité. C'était le chef-d'œuvre de mes mains, mon œuvre de complaisance, que tu as défigurée. La femme ayant mal fait, sera punie ; mais comme je ne veux pas, malgré son offense, l'abandonner encore totalement, elle pourra recouvrer ma grâce et mes bienfaits. Ce n'est qu'une créature défigurée que je me réserve, après des épreuves nécessaires, de restituer en un état voisin de sa première splendeur, et plus magnifique peut-être. Ma justice est irritée ; mais j'ai aussi ma miséricorde infinie qui fera des miracles infinis comme elle pour convertir le mal en une source de biens ; elle ira jusqu'à faire que la même femme qui fut la cause de la perdition de l'humanité, soit aussi l'un des principaux instruments de son salut. Une femme a fermé le ciel, une femme l'ouvrira ; une des filles d'Eve donnera naissance, après quatre mille ans, au divin Libérateur du monde, qui est mon Fils unique, et dont le nom sera Jésus-Christ. Ainsi la femme, qui se laissa séduire par le serpent, c'est-à-dire par le démon qui l'inspirait, la femme écrasera le serpent; Dieu se servira d'elle pour effacer l'iniquité que fit commettre le démon en se servant d'elle. Le démon ou le serpent, ce qui est ici la même chose, tâchera de mordre le talon de la femme, soit par dépit de voir ses futures prérogatives, soit parce qu'en effet son rôle infernal est de s'appliquer à lui nuire dans sa personne et dans ses descendants; mais viendra la bienheureuse Vierge Marie, qui déjouera ses impures tentatives, et, en ce sens, lui écrasera la tête.

EMMANUEL.

Maintenant, Monsieur, je n'aperçois plus là aucune difficulté. Si vous voulez le permettre, je vous demanderai si, depuis la malédiction de Dieu, les serpents mangent vraiment de la terre. Dernièrement j'ai vu des serpents auxquels le gardien de la Ménagerie donnait à manger de la viande et des insectes.

LE MAÎTRE.

N'oubliez pas, mon ami, une chose essentielle. Il n'est pas dit dans la Genèse que Dieu ait fait porter sa malédiction sur tous les serpents sans distinction, et que cette malédiction ait changé l'état de tous les reptiles. Rien n'empêche de penser, comme je vous l'ai déjà dit, que le démon tentateur avait choisi une espèce particulière pour servir à ses manœuvres; et, en ce cas, j'ai à vous répondre qu'en effet les voyageurs et les naturalistes ont vu des serpents dont la nourriture se réduisait à manger de la terre. Pourquoi ne pas croire que ces serpents appartiennent à l'espèce maudite? Ajoutez à cela que tous les serpents, pour chercher les insectes dont ils font leur pâture, fouillent la poussière et les ordures, ce qui s'accommoderait fort bien avec le langage figuré de la Genèse.

EMMANUEL.

Qu'est-ce donc, Monsieur, qu'un langage figuré?

LE MAÎTRE.

C'est une forme de discours qui sert à rendre l'idée plus énergique et plus frappante, en l'exagérant un peu, suivant les dispositions du vulgaire, et alors que l'expression simple, ne répondant pas à ces dispositions, manquerait son effet naturel sur les esprits. C'est pourquoi David vous dira, dans les Psaumes, que les yeux du Seigneur sont ouverts sur les justes, bien que le Seigneur n'ait ni corps, ni organes corporels. C'est pourquoi les gens du peuple, ayant l'instinct de leur intelligence paresseuse, emploient plus que personne le sens figuré; ils disent : *le temps est malade*, pour signifier que la pluie va tomber; *je suis mort de soif*, pour indiquer une soif pressante, et autres choses. La Genèse, d'après les vraisemblances de la terre et ce qui nous paraît être, pouvait, sans doute, se conformer à notre manière de voir, et dire que le serpent mangerait de la terre, quand le serpent, pour trouver sa nourriture, fouille la terre incessamment, et nous porte à croire que réellement il s'en nourrit.

Ayant condamné le serpent, Dieu condamna la femme : Vous deviez, lui dit-il, donner des enfants au monde sans travail et sans peine ; mais désormais il n'en sera point ainsi. Vous étiez en tout l'égale de l'homme, vous serez soumise à sa volonté : il aura contre vous la force, dont il abusera malgré mes ordres.

Sans le premier péché, mon enfant, vous n'auriez pas coûté à madame votre mère tant de sollicitudes et tant de douleurs. Exempt des infirmités qui nous attendent aux abords de la vie, vous n'auriez pas troublé le bonheur de ses jours et la tranquillité de ses nuits ; elle n'aurait pas eu à surmonter pour vous et pour votre conservation toutes les répugnances de la nature. Consolez donc cette bonne mère, en vous montrant docile à ses douces inspirations, reconnaissant, plein de prévenances et de vénération, en aspirant de toutes vos forces au véritable bien-être qui fait l'objet des vœux de son cœur, et qui est la vertu.

Dieu dit ensuite à Adam par le ministère de son ange : Puisque vous avez manqué d'obéissance à mon égard pour complaire à la femme, la terre, qui vous offrait d'elle-même ses fruits et ses ombrages, ne produira plus rien que par vos travaux, si ce n'est l'épine et la ronce. Vous mangerez donc votre pain à la sueur de votre visage, jusqu'à ce que votre corps mortel rentre dans la terre dont il est formé; car vous êtes poussière et retournerez en poussière.

Tel fut l'accomplissement de la menace de Dieu, la mort.....

EMMANUEL.

Adam et Ève ne seraient donc pas morts, s'ils n'avaient pas désobéi?

LE MAÎTRE.

Non, mon cher ami; sans leur désobéissance primitive. Adam et Eve auraient eu des enfants heureux comme eux sur la terre, et, après y avoir passé quelque temps, ils seraient allés au ciel sans mourir. Voilà comment je vous ai dit que leur félicité ne devait avoir ni limites ni fin.

EMMANUEL.

Oh! monsieur, quel dommage qu'ils aient fait cela!

LE MAITRE.

Je suis de votre avis. Mais tout n'est pas perdu, puisque Notre Seigneur Jésus-Christ, quatre mille ans plus tard, viendra réparer cette faute et nous procurer une félicité plus grande, si nous voulons suivre ses préceptes, profiter de son sacrifice et nous unir à lui.

Alors Jésus-Christ se fera notre frère, et nous ayant purifiés, suppliera son Père de nous considérer comme d'autres lui-même. Oui, mon enfant, nous pouvons être d'autres Jésus-Christ, moyennant un peu de reconnaissance et de bonne volonté. Il nous protégera et nous favorisera d'autant plus que nous lui aurons coûté davantage, et il y a lieu de penser que nous n'aurions pas eu d'aussi grands priviléges dans l'état d'innocence, si merveilleux que fût cet état. Voilà pourquoi les docteurs de l'Eglise n'ont pas craint d'appeler le péché des premiers parents *une faute heureuse.*

Comme un bon père, Dieu montra, du sein même de sa juste colère, une tendre sollicitude envers ces créatures ingrates. Pour leur épargner cette honte poignante de la nudité, il leur donna des vêtements faits de peaux de bêtes, et leur conserva la liberté de choisir entre le bien et le mal.

Cependant la justice revendiquait ses droits. Dieu dit avec un terrible accent d'ironie : « Voilà donc cet Adam devenu semblable à nous, selon la promesse du démon. Il connaît maintenant le bien et le mal. Eh bien! cet être si puissant et si instruit, prenons nos précautions contre lui, car il pourrait bien encore porter la main sur l'arbre de vie et s'assurer ainsi l'immortalité sur la terre. » Et il les chassa honteusement du Paradis terrestre.

Un Chérubin fut placé à l'entrée, portant un glaive de feu pour les repousser à jamais. Il y resta probablement jusqu'à l'époque du Déluge, que je vous ai marquée comme le terme de l'existence de ce merveilleux jardin.

Exilé de cette belle patrie, Adam subit la malédiction divine. Il laboure la terre et lui fait produire, avec des peines infinies, ce qui peut servir à son existence. Il pleure son crime, et dans son état misérable de déchéance revient à celui qu'il avait si tristement offensé. Dieu daigne encore l'entretenir quelquefois : le septième jour étant arrivé, il lui prescrit de sanctifier ce jour appelé le Sabbat et de transmettre le même précepte à ses descendants. Adam le sanctifie régulièrement et accomplit sans réserve la volonté de Dieu. Observez en passant, mon ami, que jusqu'à la venue de Jésus-Christ, cette obligation regardait le samedi, c'est-à-dire le jour où Dieu ayant achevé sa création se reposa, ou en d'autres termes cessa de créer; et que, depuis la Rédemption, le Sabbat ou samedi a été remplacé par le Dimanche en mémoire de la Résurrection de Jésus-Christ. Vous savez, n'est-ce pas, en quel sens doivent se prendre ces paroles : « le septième jour, Dieu se reposa. »

EMMANUEL.

Oui, monsieur, Dieu ne peut éprouver de fatigue, et, par conséquent, il n'a jamais besoin de repos. D'ailleurs, il avait créé le monde en se jouant, pour ainsi dire. Ce repos, comme vous me l'avez indiqué tout à l'heure, n'était autre chose que la fin de la création.

LE MAITRE.

S'il était besoin de justifier les ordres de Dieu, on trouverait aisément la cause de l'institution du Sabbat et des peines sévères qui menaçaient les violateurs de cette institution; ne semble-t-il pas naturel d'abord que la nature et l'homme surtout, qui est son chef, célèbrent la réunion des immenses bienfaits de la création et consacrent un jour sur sept jours à remercier leur Bienfaiteur? De plus, mon enfant, Dieu, dont la prévoyance et la paternelle bonté ne se lassent jamais, songeait aussi à la condition de l'homme et des animaux qui, après un travail de six jours, ne peuvent, sans épuiser leurs forces, se dispenser d'un jour de relâche.

EMMANUEL.

Monsieur, puisque Jésus-Christ ne vint que quatre mille ans après pour sauver le monde, tous les hommes, bons ou mauvais, tombaient donc en enfer jusqu'à cette époque ?

LE MAITRE.

Non; et votre catéchisme vous dit que l'âme de Jésus-Christ, après sa mort, se rendit dans les limbes pour annoncer aux justes des temps passés qu'il les emmènerait au ciel. Il fallait seulement que ceux-ci attendissent que la Rédemption fût accomplie, et ils en profitèrent.

EMMANUEL.

Je ne sais pas ce que c'est que les limbes.

LE MAITRE.

C'est un lieu dont personne ne connaît la position, et où séjournaient les justes dont je vous ai parlé. On ne sait pas plus où elles sont que l'on ne sait où sont le Ciel et l'enfer.

EMMANUEL.

Mais mon catéchisme dit aussi : que les enfants morts sans baptême seront damnés. Les justes d'avant Jésus-Christ ne l'avaient pas reçu pourtant.

LE MAITRE.

Mon ami, votre catéchisme ne dit pas cela. La croyance de l'Eglise est que les enfants morts sans baptême n'entreront pas dans le royaume du ciel, mais non qu'ils iront dans un lieu de supplices. On pense même qu'ils jouiront d'une félicité naturelle qui les dédommagera autant que possible de cette privation.

Quant aux justes qui ont existé avant Jésus-Christ, on regarde assez généralement la Circoncision comme un sacrement de l'ancienne loi qui remettait le péché originel. Ainsi, pouvaient-ils avoir entrée dans le ciel, sans que les enfants qui ne sont ni baptisés ni circoncis pussent prétendre au même bienfait. Plus tard, mon enfant, vous serez plus instruit, et ces questions s'éclairciront pour vous, mais jamais jusqu'à tel point que vous ne deviez comprendre la faiblesse de votre intelligence et aboutir à un acte profond d'humilité et de foi.

La *Genèse* nous apprend que la première femme eut trois fils, d'autres fils et plusieurs filles ; elle ne dit rien de sa mort. Mais nous y lisons qu'Adam mourut, après une vie de neuf cent trente ans passée dans les pleurs et dans la pénitence, et tout porte à croire qu'il était un des patriarches que Jésus-Christ visita dans les limbes. Suivant une fort ancienne tradition, il aurait été enterré sur le Calvaire, à la place même où Jésus-Christ fut crucifié, afin que le sang du Rédempteur, en arrosant cette sépulture, purifiât les restes du premier pécheur, et que ce fût pour le monde un signe admirable.

# TABLE DES MATIÈRES.

Pages

HISTOIRE DE LA CRÉATION.



Imp. catholique d'A. Sirou et Desquers, rue des Noyers, 37.

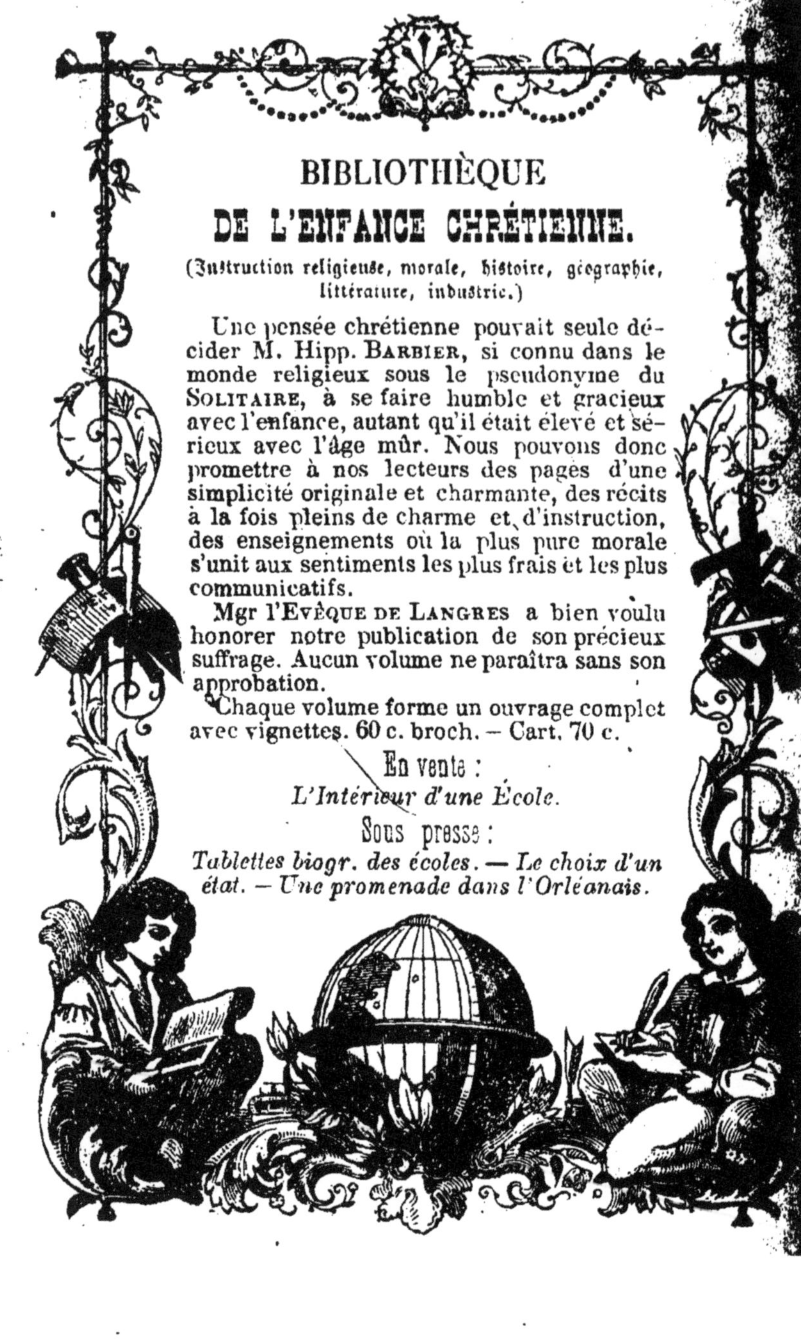
BIBLIOTHÈQUE
DE L'ENFANCE CHRÉTIENNE.
(Instruction religieuse, morale, histoire, géographie, littérature, industrie.)
Une pensée chrétienne pouvait seule décider M. Hipp. BARBIER, si connu dans le monde religieux sous le pseudonyme du SOLITAIRE, à se faire humble et gracieux avec l'enfance, autant qu'il était élevé et sérieux avec l'âge mûr. Nous pouvons donc promettre à nos lecteurs des pages d'une simplicité originale et charmante, des récits à la fois pleins de charme et d'instruction, des enseignements où la plus pure morale s'unit aux sentiments les plus frais et les plus communicatifs.
Mgr l'ÉVÊQUE DE LANGRES a bien voulu honorer notre publication de son précieux suffrage. Aucun volume ne paraîtra sans son approbation.
Chaque volume forme un ouvrage complet avec vignettes. 60 c. broch. — Cart. 70 c.
En vente :
L'Intérieur d'une École.
Sous presse :
Tablettes biogr. des écoles. — Le choix d'un état. — Une promenade dans l'Orléanais.

www.ingramcontent.com/pod-product-compliance
Ingram Content Group UK Ltd.
Pitfield, Milton Keynes, MK11 3LW, UK
UKHW021144260726
13994UKWH00001B/288

9 782329 453286